Cahiers Mérimée

Publié avec le soutien du Centre de Recherche sur les Poétiques
du XIXe siècle de Paris 3

2021, n° 13

Cahiers Mérimée

Publication de la Société Mérimée

PARIS
CLASSIQUES GARNIER
2021

Manuscrits, documents, ouvrages et toute correspondance concernant les *Cahiers Mérimée* et la Société Mérimée (cotisations, abonnements) sont à adresser au siège de l'association :

Société Mérimée
139, rue du Faubourg Saint-Antoine, 75011 Paris
Adresse électronique : antonia.fonyi@wanadoo.fr

ISBN 978-2-406-12047-6
ISSN 2103-9054

SOMMAIRE

Rainier GRUTMAN
L'esthétique de l'épigraphe
dans la *Chronique du règne de Charles IX* /
The aesthetics of the epigraph
in the Chronique du règne de Charles IX 11

Daniel-Henri PAGEAUX
Errances dans *Il Viccolo di Madama Lucrezia* /
Roaming in Il Viccolo di Madama Lucrezia 37

Victoire FEUILLEBOIS
« Histoire de la fausse Élisabeth II » ou la passion de l'imposture /
"Histoire de la fausse Élisabeth II" or the passion of imposture 55

Alexandre ZVIGUILSKY
La correspondance de Tourguéniev avec Valentine Delessert /
Turgenev's correspondence with Valentine Delessert 69

DÉBATS / *DEBATE*

Antonia FONYI
Ouverture d'une discussion sur l'article de Sophie Rabau,
« "À présent, je n'aime plus rien". *Carmen* : construire
le manque », paru dans le n° 12 (2020) des *Cahiers Mérimée* /
Opening a discussion on Sophie Rabau's article "'À présent,
je n'aime plus rien.' Carmen: *constructing lack," printed in*
Cahiers Mérimée *n° 12 (2020)* 79

Michel Garcia
À propos de « À présent, je n'aime plus rien » de Sophie Rabau /
On Sophie Rabau's "À présent, je n'aime plus rien" 81

Peter Cogman
Pour une lecture non-réaliste de *Carmen* /
For a nonrealist reading of Carmen 91

DOCUMENT / *DOCUMENT*

Antonia Fonyi, Simona Gîrleanu
Vasile Alecsandri, « Prosper Mérimée » /
Vasile Alecsandri, "Prosper Mérimée" 99

Vasile Alecsandri
Prosper Mérimée /
Prosper Mérimée 107

CORRESPONDANCE / *CORRESPONDENCE*

Paula Fayos-Pérez
Lettre de Mérimée à Valentín Carderera du 8 juillet 1856 /
Mérimée's letter to Valentin Carderera from July 8, 1856 119

BIBLIOGRAPHIE / *BIBLIOGRAPHY*

Alexandre Bonafos, Xavier Bourdenet
Bibliographie de la critique sur l'œuvre littéraire
et historique de Mérimée. 2019 et compléments /
*Bibliography of criticism on the literary and historical
work of Mérimée, 2019 and addenda* 131

Alexandre Bonafos
Bibliographie de la critique sur l'œuvre et les activités de Mérimée dans les domaines de l'art et de l'archéologie. 2019 et compléments /
Bibliography of criticism of Mérimée's work and activities in art and archeology. 2019 and addenda 141

Résumés/*Abstracts* 145

L'ESTHÉTIQUE DE L'ÉPIGRAPHE DANS LA *CHRONIQUE DU RÈGNE DE CHARLES IX*[1]

Ein Roman ist ein romantisches Buch.
Friedrich SCHLEGEL[2]

Prosper Mérimée venait de faire une entrée remarquée sur la scène littéraire par la mystification du *Théâtre de Clara Gazul*, quand il donnait des conseils à son ami Henri Beyle, pourtant de vingt ans son aîné, dans une lettre hélas perdue de 1827. Si nous ignorons par conséquent la formulation exacte, nous savons que Mérimée s'y déclara « impuissant à lui trouver une épigraphe pour chaque chapitre[3] » d'*Armance.* Presque tous les chapitres (27 sur 31) de ce roman de Stendhal seront en effet précédés d'une citation[4]. Mérimée en fera bientôt de même dans *1572. Chronique du temps de Charles IX*, volume encore attribué à l'« auteur du *Théâtre de Clara Gazul* » quand Alexandre Mesnier le met en vente en mars 1829[5]. On y

1 La recherche menant à cet article a bénéficié d'une subvention du Conseil de recherches en sciences humaines du Canada (CRSH), qu'il m'est un plaisir de remercier ici.

2 « Un roman est un livre romantique. » (Friedrich Schlegel, « Lettre sur le roman », dans *L'Absolu littéraire. Théorie de la littérature du romantisme allemand* présentée par Philippe Lacoue-Labarthe et Jean-Luc Nancy, avec la collaboration d'Anne-Marie Lang, Paris, Seuil, 1978, p. 327.)

3 Prosper Mérimée, *Correspondance générale* (*C. G.* par la suite), établie et annotée par Maurice Parturier avec la collaboration de Pierre Josserand et Jean Mallion pour les t. I-VI, Paris, Le Divan, 1941-1947, t. VII-XVII, Toulouse, Privat, 1953-1964), t. I, p. 20. Parturier résume la lettre signalée jadis par Adolphe Paupe, « *Armance* et Prosper Mérimée », *Le Censeur politique et littéraire* du 18 mai 1907, p. 91-92; recueilli dans *La Vie littéraire de Stendhal*, Paris, Champion, 1914, p. 45-46.

4 Pour plus de détails, on se reportera à l'édition d'*Armance* préparée par Jean-Jacques Labia, Paris, GF-Flammarion, 1994, p. 25-33.

5 Titre modifié trois ans plus tard pour « éviter le pléonasme entre "temps" et "chronique" », nous dit Maurice Parturier dans Prosper Mérimée, *Romans et Nouvelles*, t. I, Paris, Garnier frères, « Classiques Garnier », 1967, p. 9. Afin d'alléger l'appareil de notes, toutes les citations de cette édition seront intégrées au corps de l'article.

trouve, outre une citation de Rabelais placée en exergue, 25 épigraphes pour un total de 27 chapitres.

Ces épigraphes attendent encore leur exégèse. Non pas certes au sens où l'on n'en aurait pas identifié les « sources », travail qui a notamment été fait dans les éditions critiques du roman, mais dans une perspective à la fois « paradigmatique » et « syntagmatique », pour parler comme les structuralistes (ou si l'on préfère, intertextuelle et paratextuelle). Du premier de ces deux points de vue, l'épigraphe est une citation, la trace d'un autre texte, absent sauf pour ce qui est du ou des fragments rapportés, avec lesquels le texte citant engage un dialogue, ou le cas échéant un débat, *in absentia* (par exemple en parodiant ou en critiquant sa source). Restituer ce tissu intertextuel implique que soit consulté le texte absent mais convoqué, moins pour y ramener – ou pire, réduire – le texte citant (ici, la *Chronique* de Mérimée) que pour voir si et comment notre lecture s'en trouve enrichie. Sur l'axe syntagmatique (*in praesentia*), un autre type de dialogue a lieu, cette fois-ci entre des éléments coprésents : entre l'épigraphe et le titre ou le texte du chapitre qu'elle coiffe, voire entre deux (ou plusieurs) épigraphes[6]. Les épigraphes éclairent toujours d'une façon ou d'une autre le texte qu'elles accompagnent – leur simple présence est déjà un signe[7] –, que ce soit en créant une convergence entre texte et paratexte ou, plus rarement (?), une divergence. Comme le faisait déjà observer l'abbé Mallet dans l'*Encyclopédie* de Diderot et D'Alembert : « Les épigraphes ne sont pas toujours justes, & promettent quelquefois plus que l'auteur ne donne[8]. »

---

6 Cette dernière dynamique peut aboutir à un texte parallèle, comme celui que forment les citations de Byron dans *Le Rouge et le Noir*, dont on a pu montrer qu'elles scandaient l'intrigue du roman de Stendhal. Voir Anneli Vermeer-Meyer, « Don Juan und Julien Sorel. Mottos aus Byrons *Don Juan* in *Le Rouge et le Noir* von Stendhal », dans *Wissen aus Erfahrungen. Werkbegriff und Interpretation heute. Festschrift für Hermann Meyer zum 65. Geburtstag* (Savoir d'expérience. La notion d'œuvre et l'interprétation aujourd'hui. Mélanges pour Hermann Meyer à l'occasion de son 65e anniversaire), dir. Alexander von Bormann *et al.*, Tübingen, Max Niemeyer, 1976, p. 495-511 et George M. Rosa, *The Presence of Byron in the Novels of Stendhal, with special reference to* Armance *and* Le Rouge et le Noir (La présence de Byron dans les romans de Stendhal, avec référence spéciale à *Armance* et *Le Rouge et le Noir*), thèse de doctorat, Oxford University, Balliol College, 1980, p. 246-261, 295-297 et 320-326.

7 Gérard Genette, *Seuils*, Paris, Seuil, 1987, p. 148-149.

8 Cité dans Krista Segermann, *Das Motto in der Lyrik : Funktion und Form der « épigraphe » vor Gedichten der französischen Romantik sowie der nachromantischen Zeit* (L'épigraphe dans la poésie lyrique. Fonction et forme de l'épigraphe au seuil des poésies du romantisme français ainsi que de l'époque postromantique), Munich, Wilhelm Fink, 1977, p. 30.

S'agissant de Mérimée, il faut en plus faire la part de « l'ironie romantique » grâce à laquelle le paratexte peut devenir paradoxe ou même « parabase[9] », espace discursif où l'auteur se dévoile. Les pages qui suivent voudront être attentives à ce double fonctionnement des épigraphes, paradigmatique et syntagmatique, intertextuel et paratextuel, à la fois de et dans la *Chronique du règne de Charles IX*. Avant de plonger dans ce texte, il faut toutefois faire un petit détour par l'histoire littéraire pour rappeler l'ampleur de la mode des épigraphes qui sévit dans la littérature française des années 1820 et 1830.

ÉTRANGES ÉPIGRAPHES

Car ni Mérimée ni Stendhal (qui récidivera en 1830 en incluant non moins de 73 épigraphes dans *Le Rouge et le Noir*) ne faisaient œuvre pionnière en cherchant à coiffer de citations les chapitres individuels de leurs romans. Dans ces mêmes années, Charles Nodier (*Smarra*, 1822, 10 épigraphes, soit deux par chapitre) aussi bien que Victor Hugo (*Han d'Islande*, 1823, 83 épigraphes), Honoré de Balzac – ou plutôt lord R'Hoone (*Clotilde de Lusignan*, 1823, 87 épigraphes) – comme Alfred de Vigny (*Cinq-Mars*, 1826, 27 épigraphes), Jules Janin (*L'Âne mort et la Femme guillotinée*, 1829, 32 épigraphes ; *La Confession*, 1830, 66 épigraphes) et Eugène Sue (*La Salamandre*, 1832, 84 épigraphes) allaient tous sacrifier à cette mode d'origine britannique.

On trouverait autant voire davantage d'exemples en poésie. Les cinq moutures que connurent les *Odes et Ballades* entre 1822 et 1828 arborent plus d'une centaine de citations en exergue. Selon un calcul fait à partir de la grande édition chronologique préparée sous la direction de Jean Massin[10], Hugo aurait utilisé en tout 354 épigraphes, dont environ la moitié précèdent

---

9 Pour Friedrich Schlegel, « L'ironie [était] une parabase permanente ». (Cité dans Pierre Schoentjes, *Poétique de l'ironie*, Paris, Seuil, 2001, p. 109.) Dans la Grèce antique, rappelons-le, la parabase correspondait à la rupture créée dans une comédie au moment où l'acteur (ou le chœur) retirait le masque pour s'adresser au public au nom de l'auteur. C'est bien de la sorte que le « Dialogue entre le lecteur et l'auteur » vient troubler l'illusion au huitième chapitre de la *Chronique*.

10 Victor Hugo, *Œuvres complètes* [*OC* par la suite], édition chronologique publiée sous la direction de Jean Massin, 18 vol., Paris, Club Français du Livre, 1967-1970.

des poèmes individuels. C'est très considérable, même en faisant la part de la démesure hugolienne. Il était d'ailleurs en bonne compagnie : Gautier, Sainte-Beuve, Marceline Desbordes-Valmore, Pétrus Borel, Vigny et Musset n'en firent-ils pas autant ? En examinant une douzaine de recueils parus entre 1822 et 1837, Krista Segermann[11] arrive facilement à 465 épigraphes, soit une moyenne de près de quarante par recueil.

La mode sera cependant rapidement dénoncée. Dès 1832, un auteur espagnol très au fait des tendances parisiennes, Mariano José de Larra, critique ce qu'il appelle la « manie des citations et des épigraphes[12] ». C'est en m'inspirant de Larra que je parle d'*épigraphomanie*, non pas pour critiquer la pratique mais pour bien souligner l'ampleur de ce qui fut une véritable vogue, vouée à disparaître de manière aussi subite qu'elle était apparue.

Du côté de la prose, on connaît le virage pris par Balzac. Alors que le manuscrit du *Dernier Chouan* comporte encore plusieurs citations en exergue, *Les Chouans* sera dépourvu d'épigraphes – comme tous les autres romans intégrés à *La Comédie humaine*[13]. Même (r)évolution du côté de la poésie : Hugo arrête la pratique après les *Orientales* (1829) et les *Feuilles d'automne* (1831). Passant en revue les recueils parus en 1836, le collaborateur anonyme (Musset ?) de la *Revue des Deux Mondes* déplore la « décadence générale » de la poésie et surtout le fait qu'elle ait « perdu beaucoup du côté de la forme, sans avoir rien regagné par le fond ». En plus d'avoir perdu le sens du rythme et de la rime, dit-il, « les poètes secondaires que nous avons présentement » ont abandonné la pratique des « épigraphes, tout-à-fait passées de mode aujourd'hui ». Il y voit une « perte notable » car « les épigraphes, fournies par toutes les gloires littéraires du pays et de l'étranger, n'étaient certainement pas le moindre agrément de la petite poésie contemporaine[14] ».

11 Krista Segermann, *op. cit.*

12 Juan Pérez de Munguía [pseudonyme de Mariano José de Larra], « Manía de citas y epígrafes », *El pobrecito hablador. Revista satírica de costumbres*, 6, 1832, p. 19-24 (La manie des citations et des épigraphes, *Le pauvre petit bavard. Revue satirique des mœurs*). Le lecteur francophone en trouvera une traduction à la fin de l'article d'Antoni Ferrer, « À propos de la *Manía de citas y de epígrafes* (1832) de Mariano José de Larra », *Cahiers d'Études romanes* (Aix-Marseille), n° 2, 1999, p. 95-110. Larra m'a servi de point de départ pour une étude d'ensemble du phénomène dans « L'épigraphe romantique : un procédé et ses paradoxes », *Les Cahiers du XIXe siècle* (Québec), n° 2, 2007, p. 49-72.

13 Lucienne Frappier-Mazur, « Parodie, imitation et circularité. Les épigraphes dans les romans de Balzac », *L'Année balzacienne*, n° 1, 1980, p. 169-180.

14 Anonyme, « Revue littéraire », *Revue des Deux Mondes* du 15 décembre 1836, p. 747-768, cit. p. 756 (voir Segermann, *op. cit.*, p. 43-44).

Il s'agit donc bien d'une question de poétique historique. La multiplication des épigraphes va au-delà du jeu formel pour devenir une stratégie d'écriture. Stratégie paradoxale dans la mesure où elle contredit l'idée d'originalité, auquel maint écrivain romantique voue un culte. Hugo peut ainsi écrire en 1826, à une époque où il est encore pleinement atteint d'*épigraphomanie*, que « [c]elui qui imite un poète *romantique* devient nécessairement un *classique*, puisqu'il imite. [...] Le poète ne doit avoir qu'un modèle, la nature ; qu'un guide, la vérité. Il ne doit pas écrire avec ce qui a été écrit, mais avec son âme et son cœur[15]. » Or, quand on cite, on écrit forcément « avec ce qui a été écrit » par autrui, que ce soit hier ou aujourd'hui, ici ou ailleurs.

On peut dès lors se demander à quoi a pu servir le procédé pendant le bref intervalle (vingt ans tout au plus) où il eut la cote. Vu son caractère ouvertement intertextuel (souligné dans la *Revue des Deux Mondes*), quelle « mémoire de la littérature[16] » mobilise-t-il ? Mais aussi, quel rapport à la fiction, et au roman en particulier, institue-t-il ? Enfin, quel programme esthétique a-t-il aidé à promouvoir, à canaliser ?

ÉPIGRAPHES ANTI-ROMANESQUES

Voilà quelques-unes des questions que voudront aborder les pages qui suivent. On commencera par établir, dans la perspective paradigmatique évoquée tout à l'heure, la liste des auteurs qui défilent dans ce paratexte particulier de la *Chronique du règne de Charles IX*. Cela n'a rien de superficiel dans la mesure où leur réputation et leur prestige avaient valeur d'argument dans les débats romantiques et pouvaient même éclipser le texte de la citation[17]. En faisant abstraction de deux

15 Hugo, préface à la réédition des *Odes et Ballades*, écrite en août 1826 (*OC*, t. II, p. 712). Même son de cloche un an plus tard dans la « Préface » de *Cromwell* : « Que le poëte se garde surtout de copier qui que ce soit, pas plus Shakespeare que Molière, pas plus Schiller que Corneille. » (*OC*, t. III, p. 68-69.)

16 Tiphaine Samoyault, *L'intertextualité. Mémoire de la littérature*, Paris, Nathan, 2001.

17 Phénomène et effet déjà notés par Genette, *op. cit.*, p. 147, Ian D. McFarlane, « L'épigraphe dans le roman romantique en France et en Angleterre (1790-1840) », dans *Itinéraires et plaisirs textuels. Mélanges Raymond Pouilliart*, dir. Georges Jacques et José Lambert, Bruxelles, Louvain-la-Neuve, Nauwelaerts, 1987, p. 75-86 et Donatella Montalto Cessi,

épigraphes anonymes qui correspondent l'une à un proverbe, l'autre à une chanson populaire, on obtient le tableau suivant.

LES ÉPIGRAPHÉS
DE LA *CHRONIQUE DU RÈGNE DE CHARLES IX*

AUTEUR CITÉ	TITRES cités (dans l'ordre de leur apparition), suivis du GENRE	LANGUE DE LA CITATION
Shakespeare (8 citations)	*Cymbeline* (1609), *King Richard III* (1592-1593), *Romeo and Juliet* (1594-1595), *King Henry IV* (1597), *Macbeth* x 2 (1606), *Julius Caesar* (1599), *Hamlet* (1600) – théâtre	Toutes en anglais
Molière (5 citations)	*Les Précieuses ridicules*[18] (1659), *Dom Juan* (1665), *Les Amants magnifiques* (1670), *Tartufe* (1664-1669), *Amphitryon* (1668) – théâtre	Français
Rabelais (3 citations)	*Gargantua* x 3 (1534) – roman	Deux en français, puis un quatrain en latin de clerc[19] dont on ne sait trop si Rabelais l'a inventé ou emprunté
Byron (2 citations)	*The Deformed Transformed* (1822) – théâtre *Don Juan* (1819) – poésie	Anglais

« Uno specchio per i testi. L'epigrafe letteraria nel romanticismo spagnolo » (Un miroir pour les textes. L'épigraphe littéraire dans le romantisme espagnol), *Culture. Annali dell'Istituto di Lingue della Facoltà di Scienze Politiche dell'Universita degli Studi di Milano*, 1989, p. 21-48.

18 Pièce déjà mise à contribution pour l'une des deux épigraphes générales de *La Jaquerie* (1828).

19 « *Monachus in claustro / Non valet ova duo ; / Sed quando est extra, / Bene valet triginta.* » (Un moine au cloître / Ne vaut pas deux œufs ; / Mais quand il est dehors / Il en vaut bien trente.) Ces vers, extraits de la fin du chap. 42 de *Gargantua* (dans l'édition de 1534, chap. 40 dans les éditions suivantes), sont mis en exergue du chapitre XIX (« Le Cordelier ») de la *Chronique*.

Otway (2 citations)	*Venice Preserved* x 2 (1682) – théâtre	Anglais
Lope de Vega (1 citation)	*El guante de Doña Blanca* (1627-1635) – théâtre	Espagnol
[Walter Scott] (1 citation)	[*Minstrelsy of the Scottish Border*] (1802) – poésie	Anglais
[Thomas] Moore (1 citation)	*The Fudge Family in Paris* (1818) – roman épistolaire en vers	Anglais
[Agrippa] d'Aubigné (1 citation)	*Les Aventures du Baron de Fæneste*, II, 14 (1616-1630) – dialogue	Gascon (famille des variétés d'oc)

On ne s'étonnera pas de voir Shakespeare trôner en tête. Mérimée illustre ici une tendance plus générale, car Shakespeare est le « probable recordman universel des épigraphés[20] ». Les écrivains d'outre-Manche l'avaient haussé sur le podium en le citant à qui mieux mieux. Shakespeare fournit à lui seul 15 % des quelque 3600 épigraphes britanniques trouvées par Rudolf Böhm[21] et une part plus considérable encore chez Walter Scott[22], grand épigraphomane lui-même et intermédiaire-clef dans la diffusion de la mode sur le continent européen grâce au succès de ses *Waverley Novels.*

Depuis le parallèle fait par Stendhal dans *Racine et Shakespeare*, le seul nom de ce dernier était devenu un signe de ralliement (ou de désapprobation), y compris pour ceux qui n'avaient pas lu ou vu une de ses pièces. À vrai dire, ces dernières circulaient en France dans des versions tellement éloignées du texte anglais qu'elles ne pouvaient guère prétendre y donner accès. La manipulation est particulièrement évidente dans les « imitations » taillées sur mesure pour la scène française par Jean-François Ducis (qui ignorait d'ailleurs la langue anglaise…), moins dans le texte fourni par Letourneur (et mis à jour par Guizot), qui était destiné à la lecture.

20 Genette, *op. cit.*, p. 148.

21 Voir Rudolf Böhm, *Das Motto in der englischen Literatur des 19. Jahrhunderts* (L'épigraphe dans la littérature anglaise du XIXe siècle), Munich, Wilhelm Fink, 1975, qui porte en fait sur la période comprise entre 1820 et 1920.

22 La banque de données préparée à l'Université d'Aberdeen permet de s'en faire une bonne idée : https://www.abdn.ac.uk/sll/research/walter-scott-research-centre/mottoes-in-the-waverley-novels-617.php (consulté le 20 janvier 2021).

Shakespeare fournit des références « sérieuses », ce qui paraît moins vrai des extraits facétieux tirés de Molière ou de Rabelais. Ni d'une autre référence importante pour Mérimée : Agrippa d'Aubigné, dont il cite non pas *Les Tragiques* en vers mais une œuvre tardive en prose, *Les Avantures [sic] du baron de Fæneste* (1616-1630). Dans ce dialogue satirique[23] entre deux gentilshommes, l'un (le personnage éponyme) gascon et catholique, l'autre poitevin et protestant, d'Aubigné retrouve la verve d'Alcofribas pour aborder d'épineuses questions religieuses et sociales.

Une autre façon d'observer la dynamique interne aux épigraphes est de les répartir par genres. Cela permet de faire deux observations. D'abord, le genre dramatique s'y taille la part du lion. Près des deux-tiers (16 sur 25) des citations proviennent de pièces de théâtre : Shakespeare (8) et Molière (5) en tête, suivis d'Otway (2) et Lope de Vega (1). N'hésitons pas à leur associer le dialogue d'Aubigné ni même les romans avant la lettre de Rabelais, auxquels un usage abondant de dialogues et de scènes confère une dimension proprement théâtrale. Un dernier indice de cette tendance est le traitement réservé à Byron. Mérimée le cite deux fois : à côté de son chef-d'œuvre, le long poème *Don Juan*, très sollicité également par Stendhal[24], on trouve une pièce de théâtre en vers beaucoup moins connue, *The Deformed Transformed*, restée inachevée et (pour cause) jamais montée du vivant de son auteur (elle le sera seulement au XXe siècle)...

En rapprochant ainsi le drame du roman, Mérimée rejoint la position des premiers romantiques allemands. Voici par exemple ce qu'écrit Friedrich Schlegel dans sa « Lettre sur le roman », parue en 1800 dans l'*Athenaeum*, l'organe du Cercle d'Iéna. Après avoir donné la définition sciemment tautologique du genre que j'ai citée en exergue de cet article, il rappelle ce qui le distingue du drame et de l'épopée. Là où le théâtre est essentiellement « destiné à être regardé, le roman en revanche fut de tout temps destiné à la lecture[25] ». Il en résulte d'importantes différences sur le plan de la forme, mais moins sur celui du fond. Schlegel

---

23 Selon la terminologie proposée par Eva Kushner dans ses « Réflexions sur le dialogue en France au XVIe siècle », *Revue des Sciences humaines*, n° 148, octobre-décembre 1972, p. 485-501. On sait que Mérimée tenait beaucoup à ce texte, dont il allait bien plus tard procurer une édition savante : *Les Aventures du baron de Fæneste*, par Théodore Agrippa d'Aubigné. Nouvelle édition, revue et annotée par M. Prosper Mérimée, de l'Académie française, Paris, Pierre Jannet, 1855.

24 Voir *Armance* (chap. 5 et 7) et le *Rouge* (chap. I, 8, 10-11, 16 ; II, 17, 26 et 30).

25 F. Schlegel, « Lettre sur le roman », *loc. cit.*

estime en effet que le drame – à condition d'être « conçu et traité à fond et historiquement, comme par exemple dans Shakespeare » – est « le véritable fondement du roman », bien plus que le genre épique :

> Rien n'est plus contraire au style épique que de laisser voir si peu que ce soit l'influence des dispositions d'esprit personnelles ; que serait-ce s'il osait s'abandonner à son humour et jouer avec lui, comme cela se passe dans les meilleurs romans[26].

Selon Schlegel, seule l'*arabesque* romanesque peut rendre « dans leur éclat fantastique, chacune des tonalités éternelles de la fantaisie, et restitue[r] à son désordre le chaos du monde des chevaliers ». Dans le roman qu'il appelle de ses souhaits, « Shakespeare deviserait avec Cervantès » et « Sancho plaisanterait à nouveau avec Don Quichotte[27]. » Est-il permis d'attribuer à Mérimée pareille volonté de deviser, sourire en coin, refusant de mettre de l'ordre dans le désordre du passé ou d'écrire, comme le fera bientôt Balzac, « à la lueur de deux Vérités éternelles : la Religion, la Monarchie[28] » ?

Deuxième observation, qui est le corollaire du rapprochement entre les genres dramatique et romanesque : ce dernier, du moins dans son incarnation sérieuse, brille par son absence comme référence intertextuelle. Dans cette « chronique » à laquelle Mérimée refuse de donner le nom de « roman », aucune épigraphe n'est tirée d'un roman que son auteur avait identifié comme tel. Ce n'est qu'*a posteriori*, en effet, que ce label fut collé sur les quatre (ou cinq) « livres de haulte fustaye » que Rabelais avait inscrits *cum grano salis* dans la tradition médiévale des romans de chevalerie – lesquels étaient à leur tour nommés ainsi, non point parce qu'ils « préfiguraient » le roman moderne (comme le voudrait une lecture téléologique de l'histoire du genre), mais parce qu'ils étaient en langue romane (« vulgaire »), plutôt qu'en latin. Aucune référence non plus aux anti-romans (Sterne, Diderot) du XVIIIe siècle, ni aux romans épistolaires de Laclos ou Richardson, ni même aux romans « frénétiques » que venaient de commettre Nodier et Hugo. La citation

---

26 *Ibid.*, p. 328.

27 *Ibid.* Le texte allemand se trouve dans l'anthologie préparée par Gerda Heinrich : *Athenäum : Eine Zeitschrift von August Wilhelm Schlegel und Friedrich Schlegel*, Leipzig, Philipp Reclam, 1984, p. 305-315, cit. p. 312-313.

28 Honoré de Balzac, « Avant-propos [1842] à la *Comédie humaine* », dans *Écrits sur le roman*. Textes choisis, présentés et annotés par Stéphane Vachon, Paris, Librairie générale française, 2000, p. 292.

de Thomas Moore semble être la seule à provenir d'une sorte de roman (*The Fudge Family in Paris*, 1818), mais là encore, il faut aller voir de plus près pour constater qu'il s'agit d'un roman épistolaire… en vers ! Walter Scott lui-même ne figure pas ici en tant que romancier mais – nous le verrons tout de suite – comme collectionneur de poésies anciennes. Qui plus est, Mérimée ne l'identifie pas comme l'auteur de l'extrait en question. Silence lourd de sens, dans lequel on peut voir un indice du sort qu'il entend réserver dans le paratexte de la *Chronique* au modèle du roman historique promu par l'Écossais.

Il est difficile de surestimer l'importance de ce dernier dans les années 1820. À sa mort (en 1832, la même année que Goethe), Scott laisse une œuvre considérable de poète, de biographe[29] et de traducteur, mais surtout une trentaine de romans qui avaient fracassé tous les records de vente. Leur succès sans précédent s'explique par leur adéquation parfaite avec leur époque. Ils répondent à une demande de sens dans une Europe profondément ébranlée par un quart de siècle de violence (de la prise de la Bastille vide à l'« urne trop pleine[30] » de Waterloo), de progrès technologique et de mutations sociales. Ils rassurent leurs très nombreux lecteurs : les révolutions, qu'il s'agisse de la révolution industrielle ou de la Révolution française, sont sous contrôle, leurs débordements ont été canalisés, leur passion destructrice transformée en énergie positive par l'apprivoisement du passé.

Par la construction de ce « grand récit », Scott devient l'avocat du « juste milieu » : tout en faisant la chronique des vaincus, il se range du côté des vainqueurs, compromis que traduit bien la position centrale qu'occupent dans ses fables ces fameux « héros moyens », corrects sans jamais devenir héroïques, dont le rôle est « de mettre en contact les extrêmes dont la lutte remplit le roman, dont le heurt exprime artistiquement une grande crise de la société[31] ».

Cette dynamique se met en place dès le premier roman de la série, *Waverley* (1814). Le nom du personnage éponyme, jeune aristocrate anglais jeté dans le maelstrom de l'histoire, est déjà tout un programme. Car Waverley *wavers* (c.-à-d. hésite) entre le parti jacobite pro-écossais et le parti hanovrien pro-anglais, comme son cœur balance entre la fougueuse Flora

29 De Napoléon notamment, dans un travail très critique qui avait considérablement refroidi les ardeurs en France à l'égard de l'Écossais au moment de sa publication, en 1827, donc peu de temps avant que Mérimée n'écrive sa *Chronique*.

30 Hugo, « L'expiation », *Châtiments*, V, 13 (*OC*, t. VIII, p. 698).

31 Georges Lukács, *Le Roman historique*, trad. Robert Sailley, Paris, Payot, 1965, p. 37.

MacIvor et la réservée Rose Bradwardine. En mettant en scène des héros qui sont des intermédiaires incertains, Scott « cherche la "voie moyenne" entre les extrêmes et s'efforce de démontrer artistiquement la réalité historique de cette voie par la figuration des grandes crises de l'histoire anglaise[32] ». Le Royaume-Uni né du choc des armées à Culloden lui apparaît ainsi comme une synthèse hégélienne de l'Écosse préindustrielle (voire féodale) et de l'Angleterre industrielle, alliance qui est présentée comme le résultat et la résultante de forces qui vont dans le sens de l'histoire. Ce faisant, Scott montre comment « inventer une tradition » (Hobsbawm), comment se doter de ce que Maurice Halbwachs appellera bien plus tard une « mémoire collective », comment mettre en récit, et donc préparer pour la transmission, un passé national conçu en termes de crises résolues et oubliées.

Or, Mérimée relativise le poids de la dialectique historique. La leçon de Scott ne lui convient pas parce qu'elle ne le convainc pas. Ou ne le convainc plus, car il avait « beaucoup aimé[33] » Scott dans sa jeunesse. Bien plus tard, en 1865, il avouera à Tourguéniev ne pas être « très partisan du roman historique tel que Walter Scott l'a mis à la mode » parce que ce dernier « donne des entorses à l'histoire et rapetisse tous les grands caractères ». Et d'appeler à la barre des témoins le Louis XI de *Quentin Durward* et le Cromwell de *Woodstock*. Il conçoit quant à lui « le roman historique de tout autre façon. Il faut chercher à expliquer les faits connus, trouver les motifs des actions des grands hommes dans leur caractère[34]. »

Si cette critique est formulée tardivement, elle n'est pas nouvelle pour autant. Dès 1833, dans *La Double Méprise*, Mérimée nous montre Chaverny (sa version de Monsieur Prudhomme) réclamant à sa femme « le dernier volume de Scott [...] pour [s']endormir » (p. 457)... Le volume en question est précisément *Quentin Durward*, roman autour duquel s'est un temps cristallisée la réception de Scott en France. C'est bien sûr le modèle du roman que Lucien de Rubempré soumet à l'approbation de Daniel d'Arthez dans *Illusions perdues*. Mais c'est aussi, chose moins connue, le texte source de *L'Excommunié*, roman inachevé où Balzac a pratiquement décalqué la traduction de Defauconpret[35]. Quant à Hugo, il salue cette

32 *Ibid.*, p. 33.

33 *C. G.*, t. IX, p. 221.

34 *C. G.*, t. XII, p. 347.

35 Voir Aude Déruelle, « Le "singe de Walter Scott" ? *L'Excommunié* et *Quentin Durward* », *L'Année balzacienne*, vol. 7, nº 1, 2006, p. 361-377. On sait par ailleurs tout ce que doit

dernière dans le numéro inaugural de *La Muse française* (détail intéressant pour nous, il cite l'épigraphe du roman comme faisant partie du titre). L'auteur tout récent d'*Han d'Islande* ne cache pas son admiration pour Scott, « habile magicien [...] dont l'imagination [...] revêt avec la même étonnante vérité le haillon du mendiant et la robe du roi, prend toutes les allures, adopte tous les vêtements, parle tous les langages[36] ».

Stendhal, on le sait, n'était pas du même avis :

> Faut-il décrire les habits des personnages, le paysage au milieu duquel ils se trouvent, les formes de leur visage ? ou bien fera-t-on mieux de peindre les passions et les divers sentiments qui agitent leurs âmes ? Mes réflexions seront mal accueillies. Une immense troupe de littérateurs est intéressée à porter aux nues sir Walter Scott et sa manière. L'habit et le collier de cuivre d'un serf du moyen âge sont plus faciles à décrire que les mouvements du cœur humain[37].

Le même travers avait été dénoncé dans *Le Globe* dès 1826 : « avec des noms empruntés aux chroniques et aux mémoires, avec des descriptions plus ou moins exactes des costumes de leurs héros et des citations poétiques en tête de chaque chapitre[38] », les épigones de Scott croyaient faire mouche.

Mérimée fait écho à ce débat dans la *Chronique*. Un « Dialogue entre le lecteur et l'auteur » en occupe tout le huitième chapitre, temps mort dans un récit mené tambour battant. L'auteur implicite y est sommé de donner une image précise du roi : « Décrivez d'abord son costume, puis vous me ferez son portrait physique, enfin son portrait moral. C'est aujourd'hui la grande route pour tout faiseur de romans. » (P. 86.) Et le fâcheux de lui suggérer, de lui souffler presque, l'incipit idoine du roman : « La porte du salon s'ouvrit, et l'on vit paraître » (p. 86). Allusion est faite ici au *Cinq-Mars* de Vigny, où l'on trouve effectivement le personnage éponyme décrit dans les termes évoqués :

> La porte s'ouvrit en effet, et l'on vit entrer un jeune homme d'une assez belle taille ; il était pâle, ses cheveux étaient bruns, ses yeux noirs, son air triste

Clotilde de Lusignan, paru également en 1823, à *Ivanhoé* de Scott : Donald Haggis, « *Clotilde de Lusignan*, *Ivanhoe*, and the Development of Scott's Influence on Balzac », *French Studies*, vol. XXVIII, n° 2, 1974, p. 159-168.

36 Hugo, *OC*, t. II, p. 431-432.

37 Stendhal, « Walter Scott et *La Princesse de Clèves* », *Le National* du 19 février 1830 (reproduit dans *Racine et Shakspeare. Études sur le romantisme*, Paris, Michel Lévy frères, 1854, p. 296.)

38 Anonyme, « Huitième lettre sur l'histoire », *Le Globe*, t. IV, n° 33, 28 octobre 1826, p. 173.

> et insouciant : c'était Henry d'Effiat, marquis de Cinq-Mars (nom tiré d'une terre de famille) ; son costume et son manteau court étaient noirs ; un collet de dentelle tombait sur son cou jusqu'au milieu de sa poitrine ; de petites bottes fortes très-évasées et ses éperons faisaient assez de bruit sur les dalles du salon pour qu'on l'entendît venir de loin[39].

L'alter ego de Mérimée, loin de satisfaire la curiosité de ce lecteur, le renvoie « au musée d'Angoulême » (p. 86) pour y contempler le buste de Charles IX. Puis, remarque à juste titre Alan Raitt, « par une de ces pirouettes dont il était coutumier, il donne quand même la description du roi ». Sauf qu'elle ne se contente pas du pittoresque mais « débouche sur une brève analyse psychologique[40] », sur un portrait du roi en « incapable » :

> [S]on teint est blafard, et ses gros yeux verts ne regardent jamais la personne avec laquelle il s'entretient. Au reste, on ne lit pas écrit dans ses yeux : SAINT-BARTHÉLEMY, ni rien de semblable. Point ; seulement son expression est plutôt stupide et inquiète que dure et farouche. (P. 86.)

Comment un tel homme eût-il été capable d'orchestrer un tel massacre ? Selon la jolie formule de Claudie Bernard, Charles IX « règne mais ne gouverne guère l'intrigue[41] ». Mérimée n'en fait d'ailleurs pas le protagoniste de son roman.

Voilà des choses bien connues. La raison pour laquelle je les rappelle est que cet échange de vues au beau milieu du roman non seulement en interrompt le récit mais oblige le romancier à quitter son rôle de bonimenteur et à jeter bas son masque. Mis au défi par un interlocuteur qui semble connaître à la fois l'histoire de France et les ficelles du métier de

39 Alfred de Vigny, *Cinq-Mars, ou une Conjuration sous Louis XIII*, 14e éd., Paris, Michel Lévy frères, 1863, p. 19. La formule réapparaît au septième chapitre : « la porte s'ouvrant rapidement de chaque côté, on vit paraître » (*ibid.*, p. 98). Vigny est convoqué comme épigone plutôt qu'invoqué comme modèle. L'imitation de Scott n'était pas unanimement condamnée, loin de là. Rendant compte de *Cinq-Mars* dans *la Quotidienne* du 30 juillet 1826, Hugo lui en fit même compliment : « Nul doute que si on eût présenté ce livre comme un nouvel ouvrage de Walter Scott, traduit par Charles Nodier, plus d'un lecteur y eût été pris au premier abord » (*OC*, t. II, p. 774).

40 Alan Raitt, « La *Chronique du règne de Charles IX* comme anti-roman historique », *L'Ull crític* [L'œil critique], n° 4, 1999, p. 77-83, cit. p. 82. URL : https://www.raco.cat/index/UllCritic/article/view/207682 (consulté le 21 janvier 2021).

41 Claudie Bernard, « Roman historique et double jeu romanesque : la *Chronique du règne de Charles IX* de Mérimée », *Romantisme*, n° 69, 1990, p. 97-111, cit. p. 100.

romancier, il saisit l'occasion de cette parabase pour expliciter sa propre poétique de « l'anti-roman historique ».

Étant donné la dimension « métatextuelle » (Genette) qu'introduit ce huitième chapitre de la *Chronique*, hors d'œuvre hors-récit, on ne peut qu'être frappé par l'absence d'épigraphe. Avec le chapitre qui le précède immédiatement, il est en effet le seul à en être dépourvu. Cela tranche avec la mode à laquelle sacrifient les vingt-cinq autres chapitres du roman mais aussi avec le caractère franchement intertextuel revendiqué ailleurs. La préface, par exemple, est littéralement encadrée par des références à d'autres textes. Mérimée commence par y présenter son roman comme un produit intertextuel « extrait [d]es lectures » qu'il venait de faire d'un « assez grand nombre de mémoires et de pamphlets » (p. 11) relatifs à l'époque qu'il se proposait de faire revivre. Et il la termine en laissant le dernier mot à lord Byron (p. 19) :

> Telle est mon opinion sur la Saint-Barthélemy, et je dirai avec lord Byron en la présentant :
>
> *I only say, suppose this supposition.*
>
> D[ON] JUAN, cant. I, st. LXXXV

L'argument d'autorité est habilement déguisé. Mérimée, on le sait, entend montrer que la Saint-Barthélemy « n'est point la suite d'une conjuration d'un roi contre une partie de son peuple », mais plutôt « l'effet d'une insurrection populaire qui ne pouvait être prévue, et qui fut improvisée » (p. 17). Non pas qu'il invoque un poète anglais pour analyser ce sombre épisode de l'histoire française. L'hypothèse paraît d'ailleurs peu sérieuse du fait qu'elle se voit (dis)qualifiée de « supposition » légère voire badine (chez Byron, Julia contemple la possibilité d'un veuvage futur, perspective qui lui permettrait de laisser libre cours à ses sentiments pour Juan). Et pourtant. A-t-on assez remarqué que Byron chevauche le « seuil » (Genette) qui sépare le paratexte du texte, la préface du roman proprement dit ? En effet, l'épigraphe du premier chapitre décrit les reîtres huguenots à l'aide d'une autre citation de Byron, qui fait ici figure d'anti-Scott. Ses œuvres apparaissent comme un antidote poétique à la « leçon » et à la « vérité » des *romances* historiques (comme Scott[42] les qualifiait lui-même, tenant à

42 Son « Essay on Romance », écrit pour l'*Encyclopedia Britannica* (1824), fut traduit par Defauconpret avec le titre « Essai littéraire sur les romans » dans Walter Scott, *Essais historiques et littéraires*, Paris, Gosselin, 1825, vol. 1er.

les distinguer des *novels* réalistes). À l'histoire romancée s'oppose le poème épique, à la fois ancêtre et avatar du roman, remis à l'honneur par Byron dans *Childe Harold* et les dix-sept chants (totalisant plus de 500 pages) de *Don Juan*.

Nous touchons ici à une des caractéristiques les plus surprenantes de l'épigraphe romantique. Elle a souvent une qualité transitive, son texte devenant un prétexte, sa référence directe une allusion indirecte, l'indice d'un programme esthétique ou encore d'une orientation politique. Cette dernière dimension – la *Chronique* comme roman à thèse[43] – a déjà fait l'objet d'analyses particulièrement perspicaces, de sorte que je privilégierai ici le projet esthétique.

ROMANTIQUES ÉPIGRAPHES

Même s'il n'y figure point comme romancier, Scott apparaît en filigrane dans la *Chronique*, sans jamais être nommé. La seule épigraphe qui nous ramène à lui orne le onzième chapitre (« Le raffiné et le Pré-aux-Clercs »). Elle est extraite d'une œuvre de jeunesse où Scott avait recueilli les contes et légendes, ballades et chants typiques de la région frontalière entre l'Angleterre et l'Écosse, la *Minstrelsy of the Scottish Border* (1802-1803), bien connue de Mérimée[44]. Les vers repris correspondent plus précisément aux paroles prononcées par James Stewart[45] à l'adresse de son adversaire George Wharton dans un duel célèbre de 1609, qui allait les voir périr tous les deux. Les voici :

43 Voir Cl. Bernard, *op. cit.*, p. 106-108 et Pierre Glaudes, « "Penser par soi-même" : l'enjeu herméneutique de la préface dans la *Chronique du règne de Charles IX* de Mérimée », dans Patrick Marot (dir.), *Les Textes liminaires*, Toulouse, Presses Universitaires du Mirail, 2010, p. 473-493. URL : http://pum.univ-tlse2.fr/IMG/pdf/Textes_liminaires_site.pdf (consulté le 21 janvier 2021).

44 Peter Whyte a montré le rôle d'intermédiaire textuel joué par la légende de l'anneau de Vénus rapportée par Scott dans un essai « Sur les fées de superstitions populaires » (*On the Fairies of Popular Superstition*) qui figure dans le deuxième volume de sa *Minstrelsy*. Voir Peter J. Whyte, « Autour des sources de "La Vénus d'Ille". Mérimée et Walter Scott », *Cahiers Mérimée*, n° 6, 2014, p. 127-132.

45 Scott écrit "Stuart", ce qui encourage bien sûr la confusion avec le roi Jacques VI d'Écosse, premier de ce nom à siéger sur le trône d'Angleterre.

For one of us must yield his breath,
Ere from the field one foot we flee.

Ce qui donne à peu près : « Car l'un de nous doit pousser son dernier soupir, / Avant que nous quittions le champ [d'honneur] à pied. » Mérimée a légèrement modifié le texte pour mieux l'insérer dans son nouveau contexte. Par l'emploi du pluriel (« *For one of us must yield* our *breath* », c'est-à-dire « *notre* souffle »), l'original annonçait un duel où les deux adversaires allaient laisser la vie. Chez Mérimée, en revanche, Bernard de Mergy sera seulement blessé ; mais il tuera son rival Comminges, d'où le passage du pluriel au singulier (« his *breath* »).

Scott ne se contentait guère de transcrire les ballades et chants recueillis, mais les retravaillait afin de les « améliorer » et de se les approprier. Cette volonté de faire œuvre propre explique qu'il n'ait pas hésité à ajouter des textes de son cru. Comme chez son compatriote James Macpherson (dont l'*Ossian* n'avait pas encore été démasqué comme une traduction trafiquée), il y a continuité entre le travail de l'antiquaire et l'œuvre du poète. Continuité et même contiguïté : à la dernière page du troisième volume, on peut lire que *The Lay of the Last Minstrel*, « a poetical romance by Walter Scott, Esq., editor of *The Minstrelsy of the Scottish Border* », est sous presse « *and speedily will be Published*[46] ».

Mérimée ne jette pas le bébé avec l'eau du bain, pourrait-on dire ; il ne liquide pas le projet romantique sous prétexte qu'il ne se reconnaît plus dans les procédés d'un des (sous)genres dans lequel cherchait à s'exprimer ce projet. Quoique hostile au père du roman historique, il mobilise le poète Scott, dont les *Chants populaires des frontières méridionales de l'Écosse* (4 vol., 1826) eurent un rayonnement certain dans la traduction française de Nicolas Artaud. Les lecteurs contemporains avaient donc sans doute moins de peine que nous à deviner qui se cachait derrière cette *border song* anonyme.

46 Walter Scott (réd.), *The Minstrelsy of the Scottish Border*, 2e éd., Édimbourg, James Ballantyne, p. [423]. (Un roman poétique par Walter Scott, Esq., éditeur des *Chants des ménestrels de la frontière écossaise* [...] paraîtra immédiatement.) À l'origine, ce *Lai du dernier ménestrel* devait même figurer à l'intérieur du recueil... Amédée Pichot, le traducteur attitré de Byron, s'était chargé de rassembler les *Romans poétiques* de Scott pour Gosselin et Ladvocat (1820-1821, 9 vol.), laissant à Defauconpret le corpus considérable des romans historiques et essais. Aloysius Bertrand, quant à lui, avait traduit trois ballades de Scott pour *Le Provincial* en 1828 et citera *Le Lai du ménestrel* [*sic*] en exergue à « La Poterne du Louvre » dans son *Gaspard de la Nuit* (IV, 2).

Une des caractéristiques du romantisme (et un de ses travers selon les « perruques ») était son caractère international. Chez Mérimée, cela se traduit par une ouverture à l'Angleterre et à l'Espagne, pays dont il maîtrisait la langue et appréciait la littérature[47]. Ses intérêts philologiques – pensons à *Carmen* (1845) ou à *Lokis* (1869) – l'amèneront encore régulièrement à parsemer ses œuvres d'expressions étrangères, au risque de dérouter bien des lecteurs unilingues.

C'est déjà vrai de la *Chronique du règne de Charles IX*, où une part appréciable des citations (18 sur 26, c'est-à-dire 70 %) apparaît sans traduction. Soit la langue citée à comparaître est clairement « autre » (l'anglais 13, l'espagnol 1, le latin 1), soit elle est simplement archaïque mais également difficile à déchiffrer, comme peuvent l'être le français de Rabelais ou encore l'exclamation gasconne « Cap de you[48] ! » du baron de Fæneste. Soit encore, troisième possibilité, elle combine ces deux caractéristiques : l'anglais élisabéthain et le castillan du *Siglo de Oro* procurent ainsi un double dépaysement, dans l'espace et dans le temps.

Une seule fois, Mérimée pousse la coquetterie jusqu'à citer un passage bilingue. En tête du dixième chapitre (« La chasse »), il place une réplique tirée de *Romeo and Juliet* où Mercutio emploie des termes d'escrime, art importé d'Italie et enseigné par des maîtres d'armes italiens, en Angleterre comme en France :

> *The very butcher of a silk button, a duellist, a duellist, a gentleman of the very finest first house, – of the first and second cause : Ah ! the immortal* passado *! the* punto riverso[49].

47 Pour Alfred Morel-Fatio, impitoyable à l'égard de Hugo et de Beaumarchais, Mérimée est au XIXe siècle le véritable « porte-drapeau de l'espagnolisme en France », comme l'avaient été Brantôme au XVIe siècle, Corneille au XVIIe et Le Sage au XVIIIe siècles (« L'Espagne en France », *Études sur l'Espagne*, 2e éd., Paris, Bouillon, 1890, p. 1-108, cit. p. 84). Quant à l'anglais, la correspondance de Mérimée renferme plusieurs lettres dans cette langue. Une vingtaine d'années après la *Chronique*, il ajoutera le russe à son répertoire polyglotte, comme en témoignent ses *Études et traductions de littérature russe*, récemment été remises à l'honneur par Jean-Louis Backès dans le 6e tome des *Œuvres complètes* publiées sous la coordination d'Antonia Fonyi, Paris, Champion, 2016.

48 « euphémisme pour : de Diou, tête de Dieu », note Mérimée en 1855 dans la préface à son édition des *Aventures du Baron de Fæneste*, *op. cit.*, p. XIX.

49 Shakespeare, *Romeo and Juliet*, II, 4, cité en exergue au chap. X, p. 97. (Un vrai boucher de boutons de soie. Un duelliste, un duelliste ! Un gentilhomme d'une grande maison, ferme sur la première et la seconde cause d'honneur : Ah ! l'immortelle *passata* ! la *punta riversa*.) Les termes exacts étaient en effet *passata* et *punta riversa* ; ils figuraient dans le manuel que fit paraitre à Londres en 1594-1595 le maître d'armes padouan Vincenzo

Combinant deux codes étrangers (dont l'un est en plus un jargon très technique), le passage était sans aucun doute opaque pour les lecteurs français de Mérimée, exception faite de « happy few » comme Stendhal. J'en veux pour preuve le fait qu'au XIXe siècle, même les traducteurs en prose de Shakespeare (Guizot à cette même époque, François-Victor Hugo une génération plus tard) n'ont voulu ou osé conserver le bilinguisme de la réplique de Mercutio, préférant paraphraser le tout en français.

Un texte difficile donc et qui pourrait dès lors sembler « collé » ici. Pourtant, il s'intègre bien à l'intrigue : c'est une sorte de prolepse narrative dont l'écho retentit au chapitre suivant, lors du duel opposant les frères Mergy à MM. de Comminges et de Béville. George, nous dit le narrateur de la *Chronique*, y exécute une « manœuvre que les professeurs italiens appelaient alors *liscio di spada è cavare alla vita* [*sic*], et qui consiste à opposer le fort [de sa lame] au faible [de celle de l'adversaire], de manière à écarter et à rabattre [son] arme » (p. 113).

Cet éventail de langues paraît faire contrepoids au français contemporain de Mérimée. Aucunement représenté dans les épigraphes, il l'emporte par contre (et par la force des choses) dans le texte proprement dit du roman. C'est la langue matrice dans laquelle sont enchâssées les langues citées. Les voici, par ordre chronologique :

- le latin et le français de Rabelais ;
- l'anglais de Shakespeare, qui date davantage du XVIe que du XVIIe siècle, ce en quoi il est contemporain du gascon prêté à Fæneste par Agrippa d'Aubigné ;
- au XVIIe s., le français de Molière, l'anglais d'Otway et celui du "Duel of Wharton and Stuart" (Scott), l'espagnol de Lope de Vega ;
- l'anglais de Byron (début XIXe siècle).

À l'exception du dernier, les auteurs conviés appartiennent tous à des époques éloignées de leurs littératures respectives. En ce qui concerne la tradition française, on est frappé par l'absence des Philosophes (Voltaire, Diderot, Rousseau) et du triumvirat classique (Corneille, Racine, Boileau). Ces absences sont voulues : elles marquent l'abîme entre la tradition et l'esthétique nouvelle qu'appellent de leurs vœux les romantiques, une

Saviolo (voir Joan Ozark Holmer, « "Draw, if you be men" : Saviolo's Significance for *Romeo and Juliet* », *Shakespeare Quarterly*, vol. 45, n° 2, 1994, p. 163-189).

esthétique peu respectueuse de règles qu'ils jugent désuètes mais qui veut suivre de plus près l'évolution de la société française et européenne en général. Stendhal avait noté dès 1818 la portée internationale du débat ou, pour reprendre son terme, du combat :

> L'Allemagne, l'Angleterre et l'Espagne sont entièrement et pleinement *romantiques*. Il en est autrement en France. La dispute est entre M. Dussaut et l'*Edimbourg-Review* [*sic*], entre Racine et Shakspeare, entre Boileau et lord Byron.
> C'est un *combat à mort*[50].

Un autre précurseur revendiqué par les romantiques était Félix Lope de Vega Carpio, (1562-1635). Hugo s'était servi de plusieurs pièces de Lope pour les « épigraphes étranges et mystérieuses[51] » dont était hérissé son *Han d'Islande* et dans la préface de *Cromwell*, il invoque l'autorité de son *Nouvel Art de faire des comédies* (*Nuevo arte de hacer comedias*, 1609) : « *Cuando he de escrivir una comedia, / Encierro los preceptos con seis llaves*[52]. » Mérimée, de son côté, avait placé le *Théâtre de Clara Gazul* sous le patronage de Pedro Calderón de la Barca (1600-1681). Mais pour la *Chronique du règne de Charles IX*, il fait appel à Lope :

> *Cayóse un escarpín de la derecha*
> *Mano, que de la izquierda importa poco,*
> *A la señora Blanca, y amor loco*
> *A dos fidalgos disparó la flecha*[53].
> Lope de Vega. *El guante de Doña Blanca.* (P. 88.)

Dire que cette citation forme un commentaire sur le chapitre qu'il chapeaute est insuffisant, car on a presque l'impression que l'intrigue

50 Stendhal, « Qu'est-ce que le romanticisme ? », dans *Racine et Shakspeare*, *op. cit.*, p. 233. Jean Joseph Dussault (et non Dussaut ; la graphie utilisée par Stendhal est incorrecte) était un critique « ultra » du très influent *Journal des Débats* pendant les années 1810. L'*Edinburgh Review*, fondée en 1802, était un soutien puissant du romantisme et des idées libérales.

51 Hugo, préface à la première édition (janvier 1823) de *Han d'Islande* (*OC*, t. II, p. 86).

52 *OC*, t. III, p. 68. (Quand je dois écrire une comédie, j'enferme les préceptes avec six clefs.) Le terme *comedia* désigne à l'époque de Lope le théâtre en général.

53 Félix Lope de Vega, *El guante de Doña Blanca*, acte II, dans *Obras escogidas*, t. 3. *Teatro*, Madrid, Aguilar, 1967, p. 928. Je traduis : « Un gant tomba de la main droite, ou de la gauche il importe peu, de dame Blanca, et l'amour fou décocha la flèche à deux gentilshommes. » Il s'agit d'une comédie tardive de Lope (écrite entre 1627 et 1635) que Mérimée semble avoir affectionnée, car il s'en était déjà servi pour l'épigraphe de *L'Amour africain*, selon M. Parturier (p. 567).

du roman prend ici un tournant en fonction de l'extrait cité. Chez Lope, il est question de l'amour qui enflamme le cœur de deux gentilshommes à la vue de la main dégantée d'une dame aussi noble que mystérieuse. Chez Mérimée, les courtisans sont réunis « au château de Madrid » (p. 88), surnom donné au pavillon de chasse construit dans le bois de Boulogne par François Ier (p. 565) mais qui prête évidemment à équivoque ici. Ils se pressent pour mieux voir la belle Diane de Turgis, décrite au physique et au moral… La comtesse n'a qu'à fixer du regard Bernard de Mergy pour que les joues de celui-ci « se couvr[ent] d'une vive rougeur » (p. 89). En passant devant lui, elle laisse tomber un de ses gants. qui sera ramassé non pas par le héros mais par le prétendu amant de la comtesse : M. de Comminges, « homme redoutable [à] l'humeur querelleuse » (p. 55) et une des plus fines lames de Paris. Inutile de dire que Mergy, avant de pouvoir posséder l'objet de ses convoitises, devra se battre en duel avec cet « opposant » (au sens de Greimas).

Tous les éléments de la citation sont repris dans le corps du roman, qui en forme donc le prolongement. Mais Mérimée ne s'arrête pas là. Une cinquantaine de pages plus loin, au chapitre XIV, il fera régner une certaine confusion sur l'identité de la dame voilée avec qui Mergy a réussi à obtenir un rendez-vous. Bernard est convaincu d'avoir affaire à Diane de Turgis, notamment après lui avoir demandé de retirer un de ses gants (p. 138), mais la dame se dit originaire de Barcelone (p. 139) et s'obstine à parler espagnol (p. 136-137, 141-142). Le détail ne peut qu'augmenter la convergence sémantique entre le texte de Mérimée et le paratexte emprunté à Lope cinq chapitres plus tôt.

La citation de ce dernier est authentique. Bon connaisseur de la langue espagnole, Mérimée n'a pas cherché à « corriger » l'orthographe archaïsante de Lope, qui écrit « fidalgo » pour « hidalgo » à une époque où en castillan, le f latin en position initiale était aspiré depuis plus d'un siècle[54]. Pareil respect des idiosyncrasies linguistiques et graphiques suggère qu'il ne cite pas de mémoire (à la différence de Scott, justement, ou de Stendhal) mais prend la peine d'aller vérifier dans les textes, quitte à

54 Nous possédons là-dessus le témoignage du célèbre grammairien Antonio de Nebrija, qui note dès 1492 que le f initial « se corrompt en h, comme nous le prononçons » (cité dans Rafael Lapesa, *Historia de la lengua española*, 9e éd., Madrid, Gredos, 1986, p. 280). Selon Lapesa, le h s'impose entre 1500 et 1520, époque à laquelle le f initial est ressenti comme archaïsant, même s'il se conservera encore longtemps dans la langue écrite cultivée, comme en témoigne Lope (*ibid.*, p. 368, 614).

les modifier légèrement en fonction du nouveau cotexte d'accueil, comme nous l'avons vu pour « The Duel of Wharton and Stuart ».

En fait, on se trouve ici en présence d'un discours oblique sur la mémoire du passé. Ce discours met en valeur une période et une littérature alors récemment redécouvertes, soit ce XVIe siècle qui fournit le cadre diégétique à la *Chronique*. Le rejet romantique du *status quo* classique s'accompagnait d'une révision du passé, réinterprété à la lumière de la thèse, répandue notamment par Mme de Staël, de la « perfectibilité » des sociétés et des littératures qui en sont l'« expression » (*De la littérature*, 1800). Le classicisme n'était plus considéré comme un sommet de goût à l'aune duquel il fallait juger toute production, mais comme un moment historique dans le développement de l'art français. Aussi, pour mieux s'en démarquer, les jeunes romantiques lui opposent ce qui avait précédé le siècle de Louis-le-Grand, à savoir la Renaissance. Ils n'allaient pas tarder à y voir un âge d'or, un paradis perdu de l'expression artistique, une sorte d'Ancien Testament qui préfigurait l'Évangile classique[55].

Cela dit, la Renaissance des romantiques était plutôt malléable. Dans le *Tableau historique et critique de la littérature et du théâtre français au XVIe siècle* qu'il publie en 1828, Sainte-Beuve l'étendra jusque *L'Astrée* (1607-1627) et Malherbe, voire jusque la Querelle du *Cid*. Théophile Gautier, quant à lui, estimait que Théophile de Viau appartenait au XVIe plutôt qu'au XVIIe siècle. La mise au pas de la langue (commencée par Malherbe et poursuivie par Vaugelas) comme la mise sous tutelle progressive de la littérature (de la querelle faite à Corneille par l'Académie récemment créée à la censure dont devait pâtir Molière) sont autant de signes négatifs dont était affecté l'âge classique aux yeux des romantiques, qui lui préféraient l'âge héroïque des Guerres de Religion (1562-1598), de la Ligue (1589-1591) et de la Fronde (1648-1652). Ce sont ces moments-là qu'ils choisissent comme décors de leurs pièces (Dumas, *Henri III et sa cour*, 1829) et romans (Vigny, *Cinq-Mars ou une conjuration sous Louis XIII*, 1826) lorsqu'ils veulent aborder des épisodes de l'histoire nationale. C'est également de ces prouesses-là qu'est nostalgique Mathilde de La Mole dans *Le Rouge et le Noir* (1831).

C'est ce même passé qu'entend faire revivre Mérimée dans sa *Chronique du règne de Charles IX* (1829). Un réseau serré de références intertextuelles

---

55 Voir François Rigolot, « 1827, February. The Invention of the Renaissance », dans *A New History of French Literature*, dir. Denis Hollier, Harvard University Press, 1989, p. 638-644, à qui j'emprunte les exemples qui suivent.

lui permet ainsi de « ressusciter » plusieurs gloires du XVIe siècle, dont surtout François Rabelais, à qui il est rendu hommage d'un bout à l'autre du texte. L'édition originale de 1829 s'ouvrait sur une citation du roi Grandgousier : « Ce que les Sarazins et barbares iadys appelloyent proesses, maintenant nous appelons briguanderies et meschancetez » (*Gargantua*, chap. 46). Dans la diégèse du roman, George de Mergy (p. 66) fait l'éloge de ce livre, qu'il lit assidûment, tout comme *Pantagruel* (p. 131). Quant à l'épigraphe du cinquième chapitre, également empruntée à Rabelais, elle accompagne, telle une glose, le « sermon joyeux » (p. 69-74) du père Lubin, qui n'est pas sans rappeler frère Jean des Entommeures par sa bonhomie et son non-conformisme.

À cela s'ajoutent d'autres auteurs préférés de Mérimée, comme Brantôme et d'Aubigné. Shakespeare lui-même (comment l'oublier ?) a été formé au XVIe siècle et la majorité des pièces (4 sur 7) citées ici ont été composées avant 1600. Plusieurs d'entre elles abordent des sujets historiques (*Richard III, Henry IV*) ou en tirent leur argument (*Macbeth*, à la limite *Hamlet*). L'Italie de la Renaissance (*Romeo and Juliet*) leur fournit également une matière abondante, comme c'est encore le cas pour la *Venise sauvée* (1682), pièce royaliste qu'Otway situe dans la Sérénissime du tout début du XVIIe siècle, pour mieux critiquer l'Angleterre de son temps. Quant aux « bandes noires » qui traversent le Pô dans l'épigraphe du premier chapitre (p. 21), elles évoquent également l'Italie du Cinquecento. Contrairement à ce que leur nom laisse entendre, elles ne désignent pas les mercenaires de Jean de Médicis (*Giovanni dei Bandi Neri*), mais plutôt les troupes de son adversaire au siège de Rome en 1527, le connétable Charles de Bourbon. Bien que tirée d'une pièce de 1822, *The Deformed Transformed* de Byron, la citation nous ramène encore et toujours à cette Renaissance aux bornes chronologiques variables et instables certes, mais qui n'en forme pas moins le point de fuite vers lequel convergent les lignes de la perspective ouverte par Mérimée.

On ne s'étonnera donc pas que les œuvres contemporaines soient peu ou pas convoquées dans le paratexte de la *Chronique*. Parmi les auteurs qui y sont cités en exergue, seuls Moore (1779-1852) et Scott (1771-1832) vivent encore au moment où écrit Mérimée, mais ce ne sont pas pour autant ses contemporains. Quant à Byron (1788-1824), qui vient alors de disparaître, il était plus jeune mais avait tout de même quinze ans de plus (ce qui faisait de lui plutôt le contemporain de Beyle,

1783-1842). De toute manière, le dialogue avec Byron a changé de sens, moins en raison de sa mort en Grèce que parce que son œuvre l'avait rendu immortel de son vivant. Tout au plus pouvait-on interroger les mânes de cette figure tutélaire, comme le fera chez Musset l'enfant du siècle, qui situe Byron à côté de Goethe (1749-1832) dans son panthéon personnel : « Pardonnez-moi, ô grands poètes ! qui êtes maintenant un peu de cendre et qui reposez sous la terre ; pardonnez-moi ! vous êtes des demi-dieux, et je ne suis qu'un enfant qui souffre[56]. »

Contrairement au jeune Hugo, qui insérait volontiers Nodier dans le paratexte de ses œuvres, Mérimée ne cite pas directement son ami et aîné Stendhal (lequel le saluera cependant dans une épigraphe du *Rouge*[57]…). Certes, une certaine connivence s'établit entre eux à travers des lectures partagées : d'où sans doute le choix de *Cymbeline*, pièce qui n'appartient certainement pas au canon shakespearien mais qui avait la faveur de Stendhal (elle est citée aux chapitres VIII et IX d'*Armance*). Mérimée ne paraît pourtant guère se servir de l'épigraphe comme signe de « camaraderie », selon le mot lancé à cette même époque par Henri de Latouche pour dénoncer la fréquence des échanges de bons services entre écrivains. Dans son réquisitoire contre le cénacle de *La Muse française*, Latouche visait notamment « les prétentieuses épigraphes » parce qu'elles créaient une fausse impression d'intertextualité : loin d'invoquer une *auctoritas* réelle, elles étaient en réalité « toutes empruntées à des autorités effrontément vivantes », « exclusivement puisées dans le même cercle[58] ».

---

56 Alfred de Musset, *La Confession d'un enfant du siècle* (1836), dans *Œuvres complètes*, t. VIII, Paris, Charpentier, 1888, p. 16.

57 En tête du chapitre II, 11 (« L'Empire d'une jeune fille »), on peut lire : « J'admire sa beauté, mais je crains son esprit », sentence attribuée à Mérimée mais qui pourrait bien s'avérer apocryphe, comme d'autres « citations » du *Rouge* (voir Jean-Jacques Hamm, « *Le Rouge et le Noir* d'un lecteur d'épigraphes », *Stendhal-Club* n° 77, 1977, p. 19-36).

58 Henri de Latouche, « Sur un petit volume sans nom d'auteur », *Mercure du dix-neuvième siècle*, t. IV, février 1824, p. 378-383, cit. p. 382. Cinq ans plus tard, quand il publiera son fameux pamphlet contre « la camaraderie littéraire » dans la *Revue de Paris*, sa rupture avec le cénacle sera complète. Voir Vincent Laisney, *L'Arsenal romantique. Le salon de Charles Nodier 1824-1834*, Paris, Honoré Champion, 2002 (p. 601-615 et 643-651) et Anthony Glinoer, *La Querelle de la Camaraderie littéraire. Les romantiques face à leurs contemporains*, Genève, Droz, 2008.

CONCLUSION

Ce qu'on pourrait appeler « l'anti-roman des épigraphes » dans la *Chronique* de Mérimée souligne le dédoublement temporel entre le XVIe et le XIXe siècles. L'opposition entre la Restauration et la Renaissance se construit au fil d'une série de brefs commentaires sertis dans le texte, comme le sont les pierres précieuses dans le chaton d'une bague. Or, tout en proposant une vision unifiée du passé ressuscité, les intertextes suggèrent des pistes de (re)lecture, de sorte que s'ouvrent plusieurs brèches dans la clôture du texte. Celui-ci devient presque « scriptible » au sens de Barthes[59], dans la mesure où il suppose la participation active du lecteur. Mérimée semble avoir eu l'intuition des possibilités nouvellement offertes par le genre hybride et protéiforme qu'était le roman de son temps, non encore coulé dans le moule de ce que les Nouveaux Romanciers appelleront au XXe siècle le « roman balzacien ». Témoignent de cette sensibilité très moderne le « Dialogue entre le lecteur et l'auteur », qui vient rompre l'illusion référentielle en pointant du doigt le masque du texte, et la fameuse fin ouverte de la *Chronique* : « Mergy se consola-t-il ? Diane prit-elle un autre amant ? Je le laisse à décider au lecteur, qui, de la sorte, terminera toujours le roman à son gré. » (P. 231.)

Cette remarque s'applique également aux épigraphes : le lecteur pourra les compléter à son gré en fonction de ses lectures et des rapprochements que celles-ci lui permettent de faire. Au fil de ces rapprochements se dessine un texte parallèle. Contrairement à ce qu'aurait pu laisser présager la réputation de voltairien que la critique lui a faite, les épigraphes de Mérimée ne sont pas superficiellement ironiques. Formant une série de mini-récits qui accompagnent et appuient le récit central de la *Chronique*, elles développent une argumentation qui correspond à la prise de position de son auteur, à la fois dans le débat entourant le roman historique et de manière plus générale, dans le « combat » entre classiques et romantiques. Sans être aussi ouvertement stratégiques que les citations croisées des « camarades » voués aux gémonies par Latouche, celles de Mérimée relèvent aussi d'un programme. Puisées dans le passé

59 Roland Barthes, *S/Z*, Paris, Seuil, 1970, p. 10.

préclassique – et dans un passé plus volontiers international que dans un présent national (ou parisien) – ses références renvoient à des enjeux poétologiques et traduisent en termes textuels des luttes intestines dans le champ littéraire.

Rainier GRUTMAN
Université d'Ottawa

ERRANCES DANS *IL VICCOLO DI MADAMA LUCREZIA*

« J'avais vingt-trois ans quand je partis pour Rome. » (P. 1009[1].) Peut-on imaginer début plus simple, plus allègre aussi, plus prometteur, ouvert sur l'aventure, alliant jeunesse et ville éternelle ? La suite – les deux phrases suivantes – confirme une tonalité sobrement romanesque, ajoutant un brin de mystère, avec le détail de la lettre « cachetée » et longue (« pas moins de quatre pages »), adressée à une certaine marquise Albobrandi sur laquelle le passage du temps a pu imprimer sa marque : « Tu m'écriras, me dit mon père, si la marquise est *encore* [nous soulignons] belle. » (P. 1009.) On aurait pu s'attendre à un « toujours », plus tendre ou galant, mais on ne saurait dénier à cet incipit une allure juvénile, voire une certaine complicité entre père et fils.

D'où vient que ce rythme, cette tonalité s'altèrent brusquement ? Répondre à cette question – précisons en plusieurs temps – est en grande partie l'objet de cette contribution. Mais auparavant, prévenons un malentendu possible. Il n'y a, dans ou derrière cette question, aucune volonté ou intention de reprendre ou de réactualiser l'avis (ou ce que l'on en sait) de Mme Delessert, l'amie qui, sur demande en 1853 de Mérimée, renvoie le seul manuscrit existant de *Il Viccolo di Madama Lucrezia*, datant de 1846, assorti d'un jugement qui réduit au silence celui qui aspirait à redevenir « un faiseur de contes » (p. 1598).

Allons plus loin : ce que les deux collaborateurs de l'édition de la Pléiade tiennent pratiquement pour des défauts sera lu ici comme des choix, des options narratives originales, en particulier ce qu'ils nomment « l'élément romanesque du conte », « la ressemblance surprenante des deux jeunes gens », à savoir le narrateur et don Ottavio qui sont

1 Nous citons le texte de *Théâtre de Clara Gazul. Romans et Nouvelles*, éd. Jean Mallion et Pierre Salomon, Paris, Gallimard, « Bibliothèque de la Pléiade », 1978, mais sans tenir compte de la correction en *vicolo*, opérée par les éditeurs, de la graphie fautive de *viccolo* utilisée par Mérimée.

« probablement » demi-frères, et qui est jugé comme « littérature toute de convention » (p. 1602). Outre la défense qu'il est possible et intéressant de faire du « romanesque », s'agissant d'une nouvelle de Mérimée, nous entendons montrer que le thème de la ressemblance, sans doute majeur dans la nouvelle, dépasse de loin le cas des deux jeunes gens.

C'est pourquoi cet élément textuel ne relève pas simplement d'une littérature de convention mais constitue un ressort, assurément romanesque, de l'histoire contée et, plus profondément, un ensemble de données grâce auxquelles on peut se hasarder à remonter du narrateur à l'écrivain, voire à l'homme et entrevoir, témérairement sans doute, une raison – une parmi d'autres – du renoncement de Prosper Mérimée à publier sa nouvelle. Toutefois, avant d'atteindre cet objectif, il faut passer par quelques détours, quelques errances et aussi quelques haltes, comme autant de moments, de facettes, de ce qu'on appellera par commodité l'art de conter.

Le narrateur du *Viccolo di Madama Lucrezia* est avant tout un conteur. Son récit à la première personne raconte, de façon obligatoirement rétrospective, un épisode de l'histoire de sa vie, une aventure de jeunesse. On relèvera deux occurrences du mot « aventure » : la première, alors que le narrateur, empruntant une ruelle dont il apprendra plus tard le nom, entre effectivement dans une sorte d'aventure amoureuse ; d'où la remarque : « le lendemain, en réfléchissant à cette aventure » (p. 1017) ; la seconde, presque à la fin, au moment de quitter Rome, quand il note que « le rôle de confident était le seul qui me fût destiné dans cette aventure » (p. 1030). Entre ce début et cette fin se sera déployée une longue et compliquée comédie des erreurs, avec quiproquos et, comme il est dit, « méprise », laquelle se solde par une conclusion en demi-teinte.

Le conteur signale une seule fois la distance qu'il y a entre son aventure romaine et son actualisation par le récit, à un moment où il croit (ou plutôt feint de croire) à une bonne fortune galante, sentimentale. Comme il sait qu'il s'agit de fait d'une erreur qui ne peut être dévoilée d'entrée de jeu au lecteur ou à sa destinataire, il se réfugie ici derrière une vague psychologie des peuples pour conclure : « Bref, *à cette époque* [je souligne], j'étais encore bien de mon pays » et, comme pour se donner à lui-même une excuse ou une explication à ce qui sera le début de ses erreurs, il conclut : « et d'ailleurs, la rose ne parlait-elle pas clairement ? »

(P. 1016.) Autour de cette rose tombée à ses pieds, le conteur redit dans le détail l'intrigue romanesque qu'il a bâtie et qui doit beaucoup à une thématique hispanique ou franco-hispanique (jaloux, échelle de corde, duègne…).

Il faudra attendre la dernière page pour que le narrateur, victime d'erreurs qu'il a lui-même forgées, apparaisse clairement comme un conteur, en une sorte de coup de théâtre, lorsqu'il s'adresse à quelqu'un qui a été depuis le début, implicitement, destinataire de ce récit : « S'il faut tout vous dire, madame »… (p. 1030). On parlera de procédé et l'on citera même *Arsène Guillot* comme un autre exemple d'une telle pratique (p. 1608, n. 1), à ceci près que, dans cette nouvelle, le « Madame » en apostrophe intervient dès le début et à plusieurs reprises par la suite, inversant complètement l'effet de surprise produit sur le lecteur du *Viccolo*.

On peut faire réflexion sur le double caractère, le double principe poétique auquel obéit *Il Viccolo* : le récit rétrospectif d'une aventure en tout point déceptive et la nécessité d'intéresser – mot neutre et commode – un lecteur ou, prioritairement, une lectrice. Assurément, dans ces conditions, le conteur risque à tout moment de tomber dans l'artifice, voire l'artificiel. En contrepartie, si l'on peut dire, ce conteur a senti la nécessité de se mettre en scène en se dédoublant : d'une part, faire parler un conteur qui pratique sur lui-même l'humour ou l'auto-ironie ; d'autre part, suivre pas à pas l'aventurier dans sa logique propre, fondée au départ sur une imagination livresque, mais, plus profondément, sur un désir, un besoin d'aventure qui doit être, le moment venu, commenté de près.

Il est toutefois difficile, à première lecture, d'oublier ce qui apparaît sinon comme de possibles longueurs – mot évidemment à proscrire, sous peine de faire siennes certaines réserves de la première lectrice, citée plus haut – du moins comme de surprenants détours ou digressions dont il faut rendre compte, en s'en tenant aux seules informations du texte, à ce que j'appellerais son économie générale. De fait, ce que nous avons identifié comme une altération du rythme et de la tonalité commence, juste après l'incipit, avec le surgissement d'une surprenante conjonction de coordination « Or » (p. 1009) : « Or, depuis mon enfance, je voyais dans son cabinet, suspendu à la cheminée, le portrait en miniature d'une fort jolie femme, la tête poudrée et couronnée de lierre, avec une peau de tigre sur l'épaule. »

Selon l'usage habituel, cette conjonction lie et oppose tout à la fois deux termes ou deux propositions qui supposent un raisonnement et elle introduit en effet ce qu'on appelle, en logique ou en rhétorique, la « mineure ». Il y a bien, dans le récit qu'entame le jeune narrateur, un lien logique entre la réflexion à la cantonade du père (la « majeure ») et une disposition d'esprit de la part de ce narrateur, voire une situation au sens existentiel du terme : « depuis mon enfance » (proposition dite « mineure »). Il n'y aura pas, bien sûr, à proprement parler, de synthèse, à moins de tenir précisément pour telle l'ensemble de la nouvelle, l'histoire privée du narrateur et l'aventure sentimentale dont il est, si peu que ce soit, l'acteur.

Insistons, en ce tout début d'histoire, sur une inversion de la dynamique de départ, sur un reflux du passé qui s'exprime par une notation temporelle (« depuis mon enfance »), imprimant une dimension rétrospective au récit. Cette petite conjonction bien nommée (de coordination) jette un pont entre un présent (départ imminent pour l'Italie et rencontre programmée avec une marquise) et un passé qui, plus encore que la lettre cachetée, semble enfermer ce que le narrateur appellera, quelques lignes plus bas, un « secret » (p. 1009).

Avant donc son arrivée à Rome, avant que le narrateur aille présenter la lettre de son père à la marquise, il y a un passé, plus précisément une aventure paternelle que le narrateur emporte avec lui comme une réalité, ou plutôt comme le résultat de sa maturité d'esprit (« je commençais à comprendre les choses de ce monde », p. 1009) et d'un raisonnement qui s'est imposé d'emblée dans le récit avec la scansion exprimée par cette conjonction « or », puis, plus bas, par la phrase : « je tirai toute sorte de conclusions des mines de ma mère et du regard de mon père » (p. 1009-1010). Quand nous parlons de passé et d'aventure paternelle, précisons que ce passé est bien sûr relativement récent : l'inscription sur le médaillon : « Rome 18… » suffit pour indiquer que nous sommes au XIXe siècle. Mais c'est aussi un passé relégué dans un temps indéfini qui renvoie possiblement au siècle précédent (« la tête poudrée »), voire à une vague antiquité, un goût pour l'exotisme antique ou antiquisant (« une bacchante »). Au passé, à ce que le jeune narrateur tient pour passé, sont donc associés non seulement le secret mais aussi le travestissement, voire le pastiche et le faux qui (faut-il le dire d'ores et déjà ?) constituent le ressort essentiel de l'histoire : le narrateur, double de don Ottavio, à l'origine de quiproquos ou de ce que don Ottavio nommera « méprise » (p. 1025) et ce dernier qui partira « déguisé » (p. 1030).

Une coïncidence proche, là encore, d'une complicité entre père et fils, et qui est aussi le premier affleurement d'une ressemblance, entre père et fils (« il regarda le portrait à la dérobée ; j'en fis de même involontairement »), est aussi à l'origine d'une hypothèse formulée par le narrateur : « l'idée me vint que cette bacchante poudrée pouvait bien être la marquise Aldobrandi » (p. 1009). Face à une double donnée que le narrateur au départ ne domine pas (le passé, le secret), celui-ci adopte une démarche intellectuelle qui relève, dans le domaine de la logique, de l'hypothético-déductif, première composante ou élément d'un portrait qui devra, plus tard, être complété.

En ce début d'histoire, tout se passe comme si celui qui se cache derrière le narrateur et qui le fait parler et agir avait pris un parti en tout point opposé à celui adopté dans une autre « nouvelle », de quelque six ans antérieure, *Colomba*, dans laquelle il est dit (non sans quelque effet d'antiphrase), alors que le lecteur entame le chapitre VI :

> C'est pour me conformer au précepte d'Horace que je me suis lancé d'abord *in medias res*. Maintenant que tout dort [...] je saisirai ce moment pour instruire mon lecteur de certaines particularités qu'il ne doit pas ignorer, s'il veut pénétrer davantage dans cette véridique histoire. (P. 787.)

Si, dans *Il Viccolo*, l'incipit – la première phrase et son complément (la réplique du père) – pouvaient donner au lecteur l'impression d'entamer une histoire *in medias res*, on a vu qu'il n'en était rien, dans la mesure où il fallait remonter dans le temps et que ce qui était une manière de faux début servait à exposer une situation plus complexe, annulant tout temps présent. Et pourtant, un imparfait inaugural (« j'avais vingt-trois ans ») donnait, tel un coup d'archet, une tonalité d'ensemble, un principe d'écriture et donc de lecture.

On voudrait dire qu'à un « je » apertural, celui du jeune voyageur solitaire parti avec dans ses bagages « une dizaine de lettres de recommandation », répond un « je » conclusif, celui qui met fin au récit, avec un retour à Paris à trois (Lucrèce, Ottavio accompagnant le narrateur), ou plutôt à quatre (n'oublions pas l'état intéressant dans lequel est la belle Lucrèce). Forçons le trait : il y a une manière de récit-cadre dans lequel intervient activement (est-ce un hasard ?) le père (« Mon père lui

[Ottavio] fit le même accueil que j'avais reçu de la marquise », p. 1031) et qui renvoie à l'histoire du narrateur, à un moment, on n'ose dire à une tranche de sa vie, dans laquelle il vient de connaître une aventure sentimentale qui se solde par des déconvenues et une désillusion. Cette sorte de récit-cadre, correspondant au départ pour Rome et au retour à Paris, ouvre ainsi un espace à « l'aventure » romaine. Mais lorsque le mot « aventure » qui fait du conteur un acteur apparaît, l'histoire est déjà bien entamée (un tiers du texte pour être précis). Dès lors, se profile une question qui n'est qu'une variante de celle posée dès le début : à quelle utilité ou nécessité poétique répondent des pages qui renvoient à ce qu'on appellera, faute de mieux, l'introduction.

Une introduction assurément originale à une aventure singulière : la fausse rencontre, la rencontre inaboutie avec une belle inconnue. Il faut admettre que le narrateur et, derrière lui, le « faiseur de conte », ont opté pour un principe d'écriture qui ressortit à l'art dramatique lorsqu'il s'agit d'élaborer ce qu'on appellera l'exposition. Un simple exemple, particulièrement évident, et qui justifie le mot exposition : après la rencontre physique avec la marquise Albobrandi (présentation directe), le narrateur s'en va trouver un peintre « de [sa] connaissance » pour s'informer « sur le chapitre des Aldobrandi » (présentation indirecte) (p. 1012). Plus précisément et de façon originale, l'exposition est ici conçue selon un principe plus musical que théâtral, en ce que celle-ci est le lieu, ou le moment, de la présentation des thèmes majeurs, des *leitmotive*, transposée de la composition musicale au plan littéraire.

On devine, derrière ce choix, les conséquences d'une exposition, nécessairement ample et diverse, sur le rythme même du texte. Il n'est pas sûr qu'elle soit parfaitement adaptée à des récits courts, à la brièveté de la nouvelle. Quoi qu'il en soit, la notion d'exposition doit être préférée à toute idée de dilation ou, si l'on écarte ce mot quelque peu vieilli, de procédés dilatoires qui pèseraient sur le rythme de la nouvelle et en ralentiraient la narration. De même, on évitera de parler de digression, sauf si l'on se souvient que Quintilien la tient précisément, dans son *Institution oratoire* (*De egressione*, IV, iii)[2] pour « *un second exorde* [nous soulignons] pour bien disposer le juge en faveur de nos preuves ». Par digressions supposées, j'entends l'épisode où Mme de Strahlenheim se

2 Éd. Henri Bornecque, Paris, Garnier frères, s. d., t. II, p. 91 et *sq.*

met à raconter la fantastique histoire de Wilhelmine, sa belle-sœur[3], ou quand l'abbé Negroni profite de l'occasion pour avancer sa théorie sur « l'entremise du diable » (p. 1025), en citant une anecdote qui fait irrésistiblement penser à l'argument tiré de la nouvelle *La Vénus d'Ille*, forme d'intertextualité ou de réemploi de la part de Mérimée sur laquelle il nous faudra bien sûr revenir.

Du point de vue d'une typologie structurelle, l'anecdote de la mort du fiancé de Wilhelmine qui mérite bien plus que « deux mots » (p. 1014), renvoie à un modèle ou à un précédent dans la *Chronique du règne de Charles IX* : l'histoire de la ville de Hameln envahie par les rats contée par Mila, spécialiste en la matière (« c'est elle qui vous en conterait des histoires effrayantes », p. 270) qui fait écho justement à « une histoire effrayante » (p. 1014) que va raconter Mme de Strahlenheim. On laissera de côté le double effet qui relève de la parodie, transformant cette « histoire effrayante » en une variante d'histoires qui ne sont « merveilleuses » qu'en raison de « noms barbares » (p. 1014), dans un contexte germanique qui doit quelque chose à la satire de la Westphalie dans le *Candide* de Voltaire, puis à l'heureux dénouement inattendu qui détruit toute résonance dramatique : « Elle est mariée maintenant [...] et si vous allez à Dessau, elle vous montrera le portrait de Julius. » (P. 1015.) Ce qui importe est de voir comment cette anecdote sert à introduire une thématique diabolique par les commentaires que fait l'abbé Negroni et, plus encore, par la conclusion que le narrateur donne à cette soirée :

> Quand on a entamé une fois le chapitre des aventures surnaturelles, on ne s'arrête plus. Chacun avait son histoire à raconter. Je fis ma partie moi-même dans ce concert de récits effroyables, en sorte qu'au moment de nous séparer, nous étions tous passablement émus et pénétrés de respect pour le pouvoir du diable. (P. 1016.)

On peut à présent récapituler quels sont les thèmes majeurs exposés puis repris, développés, on voudrait dire orchestrés, au long du texte *Il Viccolo*. D'abord le secret qui deviendra le mystère, puis le jeu des

3 Sur les malheurs de Wilhelmine, notons que tous ne relèvent pas d'un contexte germanique. Quand il est dit qu'elle ressent, à l'annonce de ce qu'elle suppose – non sans raison – être la mort de son fiancé, « une douleur atroce, comme si un fer rouge lui traversait le cœur » (p. 1015), les mots renvoient à la fameuse « transverbération » de Sainte Thérèse, immortalisée par le Bernin. Or, il a été question de cet artiste à la page précédente (p. 1013).

ressemblances et des dissemblances auquel il convient d'ajouter une troisième thématique : le diable, que nous venons de voir apparaître au moment même où l'on aurait été tenté de parler de digression. Ces trois thèmes qui constituent, pour une grande part, la matière des pages considérées comme celles d'une introduction vont être, en un second temps, largement exploités au long de l'aventure sentimentale du narrateur. Il ne saurait être question de les reprendre en détail : ce serait presque paraphraser le texte. On a pu parler de parodie, de distance ironique qui supposerait donc une lecture au second degré : c'est plutôt l'interprétation globale de Michel Crouzet[4]. Elle est valable essentiellement pour les thématiques du mystère et du diable. Il n'en va pas de même pour le thème de la ressemblance.

Le secret qui entoure le médaillon va en partie se transformer en mystère après l'anecdote racontée par Mme de Strahlenheim : il sert à définir ce que le narrateur appelle « des aventures surnaturelles » (p. 1026). Le mot renvoie plus loin à la maison dans laquelle le narrateur a vu, une nuit, « une femme vêtue de blanc, à une fenêtre, le bras étendu vers [lui] » (p. 1016). Il sera question de « l'habitante mystérieuse de cette maison » (p. 1022), du « gardien de cette mystérieuse demeure » (p. 1018), de « fleur mystérieuse » (p. 1017). Le mystère apparaît plus volontiers sous la forme adjectivée ou au pluriel « les mystères de la maison n° 13 » (p. 1018) ou avec la formule banale ou attendue « mystère à éclaircir » (p. 2026). Ce sont les mots que don Ottavio emploie pour parler de l'agression incompréhensible dont le narrateur a été la victime. Mais le secret sert à définir le personnage d'Ottavio qui recommande au narrateur « le secret » (p. 1026). Le mystère est tout à la fois le ressort de l'aventure amoureuse et l'expression même de l'erreur dans laquelle s'est engagé le narrateur. Le mystère est le mot qui résume le nouveau mode de vie du narrateur : « Je commençais à m'accoutumer au mystère » (p. 1027). Le secret – le silence – est la condition même de vie ou de la survie de don Ottavio qui en vient à affirmer que « ma vie se joue à croix ou pile » (p. 1027).

Le diable se change en une sorte de couleur locale qui donne quelque relief, plus pittoresque que dramatique, à la maison mystérieuse et à son atmosphère. Au reste, il sera question de « diablerie » (p. 1019), mot

4 Introduction à Mérimée, *Nouvelles*, Paris, Imprimerie nationale, 1987.

qui sert opportunément d'interjection au moment même où commence l'aventure (p. 1017) ou d'expression imagée de rapports amoureux (« avoir le diable au corps », p. 1022). Il se change en motif culturel ou littéraire qui contribue à l'élaboration d'un certain fantastique : la vieille avec son chat noir et sa chaudière ou le narrateur s'imaginant être « possédé du démon » (p. 1029) et faisant allusion à don Alonso et à l'épisode de la « nonne sanglante » dans *The Monk* de Lewis. On comprend d'autant plus l'importance de la double thématique qui vient d'être succinctement évoquée qu'elle sert à accompagner les épisodes essentiels de la singulière aventure amoureuse du narrateur et lui permet donc de transcrire, de façon faussement dramatique et pittoresque, une succession d'erreurs ou de quiproquos.

Venons-en à la thématique de la ressemblance pour distinguer, selon leur ordre d'apparition dans le récit, trois séries différentes d'occurrences : d'abord, celle entre les deux portraits (médaillon et tableau) et la marquise, puis celle entre le père et le fils, enfin celle entre le narrateur et don Ottavio. Cette dernière commence avant même la première entrevue entre les deux jeunes gens, puisque la marquise, pour mieux plaider une amitié qui doit naître entre eux, invoque la raison suivante : « car vous êtes à peu près du même âge et c'est un garçon doux et rangé comme vous » (p. 1011). Elle se poursuivra avec la confusion faite par l'abbé Negroni entre don Ottavio, son élève, et le narrateur qui se déclare « médiocrement flatté d'avoir été pris pour un monsignor en herbe » (p. 1022). L'échange des manteaux sera à l'origine d'un quiproquo aux conséquences plus dramatiques. Un coup de théâtre se produira quand Lucrèce, l'amante de don Ottavio, s'écrie, après s'être avancée « les bras tendus » vers celui qu'elle appelle « mon bien aimé » (p. 2029) : « Sainte Madone, ce n'est pas lui ! » Viendra l'explication qui participe d'une certaine chute dans le prosaïsme ou dans la dépoétisation : une corde à nœuds remplace l'échelle de corde, Lucrèce se tient « les mains croisées à la hauteur de la ceinture » et « quelques médisants qui avaient connu mon père à Rome prétendaient qu'il y avait de raisons pour cela » (p. 1030).

La ressemblance entre les deux supposés demi-frères constitue l'essentiel de ce qu'on peut appeler, dans cette nouvelle, le romanesque. Encore faut-il remarquer que ce romanesque ne peut se développer qu'avec l'appui ou l'aide de la thématique du mystère qui l'habille, l'étoffe, le dynamise. C'est pourquoi on peut soutenir l'idée d'un romanesque conventionnel ou artificiel, dans la mesure où certains épisodes paraissent être les moments d'une élaboration étudiée, contrôlée, de mystères ou de ressemblances, l'exemple le plus frappant étant celui de l'échange des manteaux. La ressemblance est un thème éminemment dramatique, théâtral. Dans le cas présent, il suppose que le conteur puisse exploiter tous les recours de l'art de conter : effet de suspense en premier, mais plus encore l'humour ou si l'on préfère l'auto-ironie, effets d'écriture par lesquels il se met en scène, la plupart du temps dans des situations où il est en position d'infériorité que l'humour peut seul compenser.

Le jeu des ressemblances qui portent sur la marquise d'Aldobrandi développe, sans paradoxe, surtout des dissemblances. La femme qui est dans le cabinet du père est un « portrait en miniature » (p. 1009), le portrait de femme dans la galerie romaine est un tableau avec cadre et sur chevalet. La première est « une fort jolie femme », la seconde est « une belle femme » avec deux détails qui, selon des canons communément acceptés, ne plaident guère en faveur de la beauté, mais plutôt de la sensualité : « lèvres un peu grosses » et « sourcils presque joints » (p. 1010). La femme du tableau rappelle seulement par son costume « la bacchante de mon père » (p. 1010). Face à la marquise qui n'a, bien évidemment, aucun élément du costume du tableau ou de la miniature, le narrateur est pourtant amené à dire : « par la force de mon génie, je reconnus en elle la bacchante de mon père » (p. 1010). L'affirmation peut laisser planer quelque doute, surtout à seconde lecture, après que le lecteur a eu de nombreuses occasions de révoquer en doute « la force de [ce] génie ». On retiendra surtout les transformations de la marquise, dues au passage du temps, tant physiques (« triple menton ») que morales (« elle était devenue dévote » (p. 1011). Mais il y a plus.

La lettre de recommandation du père à la marquise autorise celle-ci à faire la déclaration suivante au fils : « Regardez-moi, dit-elle, comme votre mère. » (P. 1011.) On apprendra par la suite que le narrateur a pu améliorer son italien grâce à cette seconde mère. Mais l'effet immédiat de cette forme d'adoption est de transformer le jeune homme en un hypocrite, répondant « respectueusement et avec l'hypocrisie convenable » (p. 1011). Ce qui le fait d'ailleurs ressembler sur le champ à don Ottavio, qui tient toujours « les yeux baissés » et « sentant déjà son cafard » (p. 1011). Ainsi donc le narrateur a quitté une mère enfermée dans son mutisme (« ma mère pinçait les lèvres » (p. 1009) – notable différence avec les « grosses lèvres » du portrait !) – mais pour tomber sur une pseudo mère qui finira par se montrer « surtout trop préoccupée de mon salut » (p. 1013).

On appréciera ce double portrait maternel en négatif dont on pourra se souvenir au moment de tracer un portrait du conteur en aventurier. Le « thème » de la ressemblance, ici sous forme d'allusions cursives, mais polémiques ou péjoratives, est à mettre en parallèle ou en balance, avec la longue suite d'incidents suscités par la ressemblance entre demi-frères. Et l'on peut alors comparer la possible charge conventionnelle dans cette ligne d'intrigue entre demi-frères avec la force d'allusions qui supposent, puisqu'il s'agit de la figure de la mère, un possible non-dit. C'est à partir de ces impressions de lecture que l'on passera à l'étude de la ressemblance entre père et fils.

On partira de la première réaction de la marquise : « Juste comme son père » suivie d'une seconde : « Mais bon Dieu ! quelle ressemblance ! » qui renvoie au plan purement physique (p. 1010). La première, en revanche, révèle une communauté de goût, une sensibilité commune ou comparable qui est à mettre, pour la marquise, au compte d'une sorte de psychologie des peuples (on en aura un autre exemple au moment de d'échafauder une histoire hispano-romanesque) : « Ah ! les Français ! les Français ! À peine arrivé et déjà il s'empare de Madame Lucrèce. » (P. 1010.) On appréciera au passage l'effet d'écho quand le narrateur en viendra à conclure qu'il ne lui reste plus, en compagnie de don Ottavio, qu'à « enlever Lucrèce » (p. 1029-1030). Si nous sommes ici dans la référence culturelle (littéraire ou vaguement picturale), que dire de la première remarque de la marquise ? Rapine bien connue des armées napoléoniennes dans le premier cas et/ou initiative à la gauloise ou à la hussarde ? Oui, peut-être. Prise plus symbolique d'un objet que d'un corps ? Assurément, puisque la suite donne quelque crédit à cette hypothèse.

Par suite, j'entends le véritable commencement non de l'histoire, mais de l'aventure, laquelle tarde en effet à venir, en raison même du principe d'exposition. Il y a, de fait, deux commencements, ou plutôt un commencement en deux temps. En un premier temps, c'est le narrateur qui vient de quitter le salon de la marquise, plein de respect – comme on l'a vu – pour « le pouvoir du diable » et qui s'engage dans « une petite ruelle tortueuse » (p. 1016). Dira-t-on que l'aventure est au coin de la ruelle ? En partie, puisqu'il a une sorte de rencontre amoureuse et qu'il se livre à l'élaboration – on l'a vu – d'un roman ou d'une histoire romanesque à l'espagnole.

Il n'est pas inutile, sur ce point, de relever qu'il s'agit, pour l'auteur Mérimée, de sa quatrième entrée romanesque dans une ruelle. La première qui d'ailleurs associe ce lieu particulier à une ambiance espagnole se trouve dans *Chronique du règne de Charles IX* lorsqu'une vieille, variante de l'entremetteuse (le mot est lâché p. 360) entraîne Bernard de Mergy, « après plusieurs détours » dans « une ruelle fort étroite et en apparence inhabitée » (p. 361), ce qui sera repris dans *Il Viccolo* avec la vieille, rencontrée par le narrateur, flanquée de son chat noir et de sa chaudière (p. 1018). Cette vieille, en racontant de façon fantasque la vie de Madame Lucrèce, n'oublie pas de noter que « la nuit tous chats sont gris » (p. 1020), rappel de l'épigraphe du chapitre XV de la *Chronique* (p. 368), tandis que Bernard sait trousser un compliment à la belle inconnue espagnole parce qu'il en a lu un « dans un livre traduit de l'espagnol » (p. 364). La deuxième entrée est à chercher dans *Colomba*, quand l'héroïne force son frère à changer d'itinéraire, à l'entrée du village, « et l'engagea à prendre une ruelle qui les conduirait à leur maison sans traverser la place » (p. 807). Le refus d'Orso est la marque d'un « brave cœur ». La troisième est dans *Carmen* et elle concerne la fameuse « rue du Serpent » au début du récit de don José : « elle mérite bien son nom par les détours qu'elle fait » (p. 959). Et l'on n'oubliera pas la présence d'une bohémienne « vraie servante de Satan » (p. 966).

Ce moment romanesque – l'entrée dans une ruelle – ne marque cependant pas, à mon sens, le commencement de l'aventure pour le narrateur. Il faudra attendre le lendemain, le temps de la réflexion (réaction caractéristique du narrateur), la définition d'une stratégie (il est question « d'établir un siège en règle », p. 1017), la découverte du nom de la ruelle qui permet d'établir un lien entre l'entrée dans l'aventure et le titre retenu pour la nouvelle, enfin l'effet produit par le nom de la ruelle, *Il Viccolo di Madama Lucrezia* chez le narrateur : « Ce nom m'étonna. » (P. 1017.) Le verbe est à prendre au sens classique et fort du terme (frapper par le tonnerre). Puis, il enchaîne, comme si le nom lui permettait de récapituler les événements marquants dont il a été plus le témoin que l'acteur :

> Aussitôt je me rappelai le portrait de Léonard de Vinci, et les histoires de pressentiments et de diableries que la veille on avait racontées chez la marquise. Puis je pensai qu'il y avait des amours prédestinées dans le ciel. Pourquoi mon objet ne s'appellerait-il pas Lucrèce ? Pourquoi *ne ressemblerait-il pas* [je souligne] à la Lucrèce de la galerie Aldobrandi ?

Chaque ligne mériterait un commentaire. On vérifiera d'abord l'importance de la thématique que nous avons souhaité mettre au jour pour illustrer le procédé d'exposition. L'idée d'amours prédestinées peut s'expliquer par un état passager d'exaltation, identifié plus haut avec « un coup de brosse conquérant » (ce qui n'exclut nullement la note humoristique), mais on peut aussi lire ce mot (« prédestinées »), lourd de résonances religieuses (surprenantes de la part du narrateur qui continuerait alors d'exploiter la voie de l'humour) comme une revanche, la première, offerte par le hasard, sur le passé, le silence qui ont pesé sur son « enfance », une victoire inattendue également par rapport aux informations qu'il est allé chercher chez le peintre, sur les « moyens d'amusements, licites ou non, que Rome pouvait me fournir » (p. 1012). Le mot « objet » pourrait faire croire à un recours au vocabulaire du Grand Siècle (de fait, il doit le faire croire). Mais le mot renvoie également, non sans un effet ironique de sous-entendu, à un tableau, la Lucrèce de la galerie Aldobrandi qui semble condenser tous les désirs amoureux du narrateur, tout son besoin d'aventure.

Que faut-il penser de la question oratoire que le narrateur se pose à lui-même ? Souhaiterait-il ardemment tomber amoureux d'une peinture comme d'autres – on l'a vu – d'une statue ? En ce cas, l'effet d'intertextualité avec *La Vénus d'Ille* est une petite réussite pleine de malice. S'agit-il au contraire, en tombant amoureux de l'image préférée du père, d'imiter celui-ci, voire entrer en compétition, reprendre, comme peut le faire un rival, une aventure amoureuse, au-delà de la barrière des générations ? Un tel projet peut paraître hardi et compromettant. Aussi le narrateur trouve-t-il, dès le premier temps de l'aventure, une sorte d'explication, ou mieux de justification à son désir d'aventure. En se croyant l'heureux destinataire d'une rose qui a chu à ses pieds, il a soin d'expliquer sa conduite en invoquant l'histoire dont la génération du père a été la glorieuse illustration : « Nous autres Français nous sommes fort avantageux en pays étranger, et *nos pères* [je souligne], vainqueurs de l'Europe, nous ont bercé de traditions flatteuses pour l'orgueil national. » (P. 1016.)

L'échec d'un tel projet sera total, on le sait. On se souviendra néanmoins que le narrateur se métamorphose, une fois et brièvement, dans une sorte de saynète où le ton plaisant alterne avec l'humour, en se jouant d'un gendarme auprès duquel il se prévaut, avec une rare assurance, de ses bonnes fortunes amoureuses, moyennant une pièce d'or à l'effigie d'un « grand homme », « le grand Napoléon » (p. 1030). Dans ces allusions et dans ce fugitif mirage napoléonien, je crois voir aussi la présence de celui qui accompagnait Mérimée à Rome lors d'un voyage que les commentateurs associent à la possible élaboration de la nouvelle (p. 1609) : Stendhal. Il apparaît effectivement dans les remarques sur l'intertextualité intense de cette nouvelle qui a d'ailleurs déjà fait l'objet de plusieurs relevés.

Reprenons-les le plus systématiquement et synthétiquement possible.

1. *Chronique du règne de Charles IX* : le conte de Mila, l'aventure espagnole de Bernard de Mergy, la vieille entremetteuse, la formule « la nuit tous les chats sont gris », mais aussi l'opinion du préfacier, comparant « ces mœurs [du XVIe siècle] avec les nôtres » (p. 252) et celle de don Ottavio qui « compare ce temps [celui des Borgia] avec le nôtre » (p. 1023) ; enfin, le subterfuge du faux missel encore que, s'agissant dans *Il Viccolo* des Pères de l'Église occultant les journaux parisiens, on peut penser à *l'Abbé Aubain* où ces mêmes Pères cachent une édition de Jocelyn.
2. Puisque *L'Abbé Aubain* vient d'être cité, associons *Il Viccolo* à cette nouvelle, à l'anticléricalisme et à l'anti-jésuitisme qui seraient ici plus librement exposés parce que nous sommes à Rome (p. 1601). Par ailleurs, si la maison du *Viccolo* doit quelque chose à *La Maison déserte* d'Hoffmann, dans une perspective de critique de la mode germanique qui déplaît à Mérimée, on se souviendra que Julie, dans *L'Abbé Aubain*, qui projette une lecture d'Hoffman, tient Noirmoutier comme « le vrai lieu pour les contes fantastiques » (p. 997).
3. L'épisode de la procession des pénitents accompagnant un enterrement qui renvoie aux *Âmes du Purgatoire* (p. 719, 1023 et 1607).
4. On a mentionné *Colomba*, à propos de la ruelle, mais il y a, semble-t-il, beaucoup plus : l'éloge « en trois points » du capitaine (p. 763)

et, en écho, le « sermon en trois points » de la marquise (p. 1012), l'utilisation du « langage des signes » (p. 764) qui renvoie à « la déclaration par signes » (p. 1018) de la belle inconnue ; enfin, le « grand figuier » qui couvre « en partie la porte du jardin » (p. 848) et la « petite porte cachée par un figuier » dans *Il Viccolo* (p. 1030) : il serait léger d'attribuer la coïncidence à une commune végétation méditerranéenne.

5. On rappellera la nonne sanglante du *Moine* de Lewis et la rue du Serpent dans *Carmen* qui peut faire penser à la ruelle *Il Viccolo*.
6. Mais il y a plus, étrangement plus… au point qu'on peut parler d'une présence active du texte de *Carmen* lors de la rédaction du *Viccolo*. Résumons :
   a. La fleur de cassie « qui était tombée entre mes pieds » (p. 958) et « une rose tomba à mes pieds » (p. 1016).
   b. La rue du Serpent, dans le commentaire qu'en fait Pierre Brunel[5], qui associe cette curieuse traduction (alors qu'il s'agit de la « rue des serpents ») à la « serpente », à la « fée serpente » à la Mélusine d'André Breton. On peut alors la mettre en parallèle avec la première figuration de Lucrèce, sous la forme d'une « sirène fort grossièrement sculptée » (p. 1020), autant de connotations du caractère trompeur et dangereux de la femme.
   c. Les deux notes en bas de page qui, dans *Carmen*, renvoient au livre que Mérimée a en chantier, l'*Histoire de Don Pèdre Ier* : toutes deux sont présentées comme « tradition populaire », mot repris par don Ottavio quand il s'agit de commenter ce que le narrateur a appris de la vieille (p. 1023). La découverte de la rue du Candilejo s'accompagne d'une remarque qui révèle le caractère vaguement superstitieux de don José (« Elle aurait dû m'inspirer des réflexions », p. 966), ce qui renvoie au numéro 13 du Viccolo et la réflexion du narrateur : « Mauvais augure. » (p. 1018). La maison de la rue du Candilejo est celle du premier rapport amoureux entre don José et Carmen (« et le reste »…) et elle mérite plus tard une comparaison avec la « chambre » de Gibraltar : « une chambre mieux meublée que celle de la rue du Candilejo » (p. 979). La chambre du haut dans la maison de

5 « Rue du Serpent », dans *Prosper Mérimée. Écrivain, archéologue, historien*, dir. Antonia Fonyi, Genève, Droz, 1999, p. 138.

Lucrèce suscite deux commentaires sur « l'ameublement » sommaire (p. 1022) et « l'insuffisance de l'ameublement » (p. 1030). La seconde note évoque « l'ensorcellement » de don Pèdre par Marie de Padilla et renvoie à l'état du narrateur qui se croit « possédé du démon » (p. 1029). Un parallèle peut être fait entre le discours de la vieille, parodie de connaissances historiques, et la longue note érudite sur le roi don Pèdre.

d. Enfin, vaste problème, le comportement de don José totalement sous l'emprise de Carmen qui le qualifie à plusieurs reprises de « niais », de « sot » (p. 967, 970, 978) et le rôle plutôt piteux ou en retrait tenu par le narrateur du *Viccolo*.

7. Reste enfin le cas particulier des *Promenades dans Rome* de Stendhal[6], paru en 1828, mais dont la matière ou quelques détails ont pu être actualisés, lors d'autres promenades faites par Mérimée en compagnie de Stendhal en 1839. Quoi qu'il en soit, mentionnons :

a. La satire des monsignori, l'hypocrisie des mœurs, l'opposition entre libéral et jésuite (t. II, p. 11, 81, 148, 299).

b. Les allusions à Alexandre VI Borgia, à Lucrèce, à César Borgia et à Roderic Borgia, cardinal, « sur la terre la moins imparfaite incarnation, du diable » (t. II, p. 192 et 195), les fameuses « Noces aldobrandines » qui ornent, sur ordre d'Alexandre VI, l'appartement « appelé Borgia » (t. I, p. 288). Ce qui retient l'attention dans ce passage, c'est la rencontre du nom de Borgia avec celui, sous forme d'adjectif, d'Aldobrandi.

c. « Tous les enterrements de bon ton » qui viennent passer par la rue du Corso et l'exemple donné de l'enterrement de la jeune marquise Cesarini Sforza « au milieu de cent cierges allumés » (t. I, p. 175).

d. Enfin « l'odeur de choux pourris » qui règne dans la rue du Corso, évoquée à deux reprises (t. I, p. 175 et t. II, p. 164) qui serait à relier à la « quantité de broccoli » (p. 1019) qui poussent dans le jardin de la maison de Madama Lucrezia.

Cette intense intertextualité (et intratextualité) est évidemment le fait de l'auteur Prosper Mérimée, mais, prise dans le procédé du récit à la

6 Nous utilisons l'édition (« seule édition complète ») en 2 volumes, publiée chez Calmann Lévy, 1893.

première personne, elle devient un des traits de la personnalité de celui qui finira par s'adresser à une dame anonyme, aussi mystérieuse qu'a pu l'être la Lucrèce du conteur. Celui-ci – on l'a vu – fait confiance à sa raison, à sa capacité de déduction, par exemple quand il voit des pétales de rose devant la porte ou dans la chambre du premier étage : « [ils] me donnaient fort à penser » (p. 1020). Les explications du peintre sur Lucrèce ne le satisfont pas : il avait fait la même remarque quand il était jeune et qu'il entendait les explications qu'on lui donnait au sujet d'une certaine bacchante. Il est parfaitement anticlérical comme peut l'être Mérimée et, comme lui, il sait continûment manier l'humour qui s'adresse aussi bien à lui-même qu'à son auditoire. Face à celui-ci, l'humour est une curieuse manière de faire admettre, d'une part, sa supériorité intellectuelle qui transparaît dans les clins d'œil au lecteur, et les sous-entendus (le fauteuil de cuir des ébats amoureux étant le plus osé). Mais il y aussi une superstition bien enracinée (comme dans le cas de Mérimée), enfin, s'agissant de sa propre histoire, les déboires ou échecs qu'il accumule, au long de son séjour romain.

On doit faire réflexion, au moment de conclure, sur ce curieux anti-héros, cet éternel second qui vient à Rome, mais après le père, qui ne sera que le « confident », faisant fonction d'adjuvant, dans l'aventure amoureuse de son demi-frère Ottavio, réduit, en conclusion, à être le parrain de son premier enfant. Entre l'aventure du père, impossible à répéter, et l'intrigue amoureuse du demi-frère, tout autant impossible à s'approprier, le conteur se présente comme un homme qui arrive trop tard et pour lequel il n'y a plus d'espace libre pour la vie et surtout l'aventure. Éternel second, personnage empêché, il est agi et non acteur.

Je ne sache pas qu'il y ait un autre texte de Mérimée où, par un jeu entre conteur et auteur, l'on puisse lire « mon père », « ma mère ». Je ne crois pas qu'on puisse voir, comme le voit Michel Crouzet, dans une prose qui fait des erreurs et du fantastique, « un exercice de virtuosité », « les germes d'un blocage littéraire[7] ». Ou alors le mot mérite d'être expliqué. Je ne crois même pas que, comme je l'avais suggéré pour *L'Abbé Aubain*[8], l'intertextualité envahissante puisse expliquer le long silence qui a suivi la rédaction de cette nouvelle, comme un jeu avec le lecteur dont Mérimée ne pourrait plus se satisfaire.

7 Michel Crouzet dans Mérimée, *Nouvelles*, Paris, Imprimerie nationale, 1987, t. II, p. 361.
8 « L'Abbé Aubain, un couple attachant », *Cahiers Mérimée*, nº 12 (2020), p. 57-76.

S'il fallait hasarder une raison à la non-publication de *Il Viccolo* du vivant de Mérimée, il faudrait, en restant dans ce que peut dire le texte, sous le voile de la fiction, s'en tenir à un Mérimée qui est allé, le plus loin possible, dans une sorte d'autoportrait ou d'autofiction et dans l'évocation d'une situation à résonances personnelles masquées par le romanesque et l'humour.

Résumons, là aussi, en privilégiant des éléments qui – nous en sommes conscient – seraient à reprendre : 1) une certaine image ou mirage paternel : le père est, de fait, le personnage qui, encadrant le récit, est le véritable *deus ex machina* (« il se chargea de négocier sa réconciliation [celle de don Ottavio] et il y parvint non sans quelque peine », p. 1031) ; 2) deux images négatives de la mère (la vraie et l'adoptive, la première murée dans son silence, la seconde d'une dévotion intempestive, mais de façade… puisqu'il y a derrière « *l'amico* Negroni ») et 3) barrant constamment la route, l'image de l'autre, du demi-frère, qui tient le rôle, singulièrement euphémisé, de rival amoureux. S'il y a romanesque, il est alors à double fond.

Aussi doit-on être sensible, toujours en s'en tenant au texte même, à ce que l'on ne peut appeler autrement qu'un étonnant acte manqué. Il inscrit, de manière oblique, un rapport complexe du conteur et de l'auteur Mérimée avec le récit qu'il compose et, plus encore, une interrogation sur l'écriture même, sa nature et sa portée, au sein même du romanesque. On peut le présenter de la manière suivante : le conteur se fait auditeur, public, cédant momentanément sa place à une vieille conteuse, non sans effets ironiques. Vient ensuite le détail de la scène qui montre que si le romanesque a un double fond, un objet – un fauteuil – a un double usage : s'installer, pour entendre les divagations faussement érudites d'une vieille, dans le fauteuil où un couple, « jeune et amoureux » (p. 1030), n'ayant pour eux que ce qui fait peut-être (déjà ?) défaut au vrai conteur vieillissant (ou ainsi se voit-il), illustre ou rappelle le temps heureux où l'on a « le diable au corps ».

Daniel-Henri PAGEAUX
Sorbonne Nouvelle – Paris III

« HISTOIRE DE LA FAUSSE ÉLISABETH II » OU LA PASSION DE L'IMPOSTURE

En 1869, Mérimée choisit de parachever sa réflexion sur le pouvoir russe en se penchant pour le *Journal des savants*[1] sur une anecdote marginale de l'époque de Catherine II : l'apparition dans différentes cités d'Europe d'une jeune femme se présentant comme « Élisabeth de Russie », fille cachée de la précédente souveraine, Elizaveta Petrovna, et prétendument bien plus légitime que Catherine. S'il entre pleinement dans la série des travaux de l'auteur sur les figures historiques d'imposteur, le choix peut néanmoins surprendre qui connaît Mérimée et l'histoire russe. D'une part, celui-ci avait jusque-là dessiné une archéologie du pouvoir en Russie autour de grandes figures masculines[2], de Boris Godounov[3] à Pierre le Grand[4], confrontés à des contestations majeures de leur autorité et des mises en péril réelles de leur continuité dynastique à travers l'image latente du « tsarévitch immolé[5] » – à l'inverse, la « fausse Élisabeth », qui utilise ses charmes et sa fable à laquelle personne ne croit vraiment pour financer sa vie d'intrigante, n'a jamais constitué un danger réel pour la tsarine Catherine, laquelle s'empresse de faire arrêter la

1 « Histoire De La Fausse Élisabeth II. *Die vorgebliche Tochter der Kaiserin Elisabeth Petrowna.* Berlin, 1867. — Сборникъ русскаго историческаго общества. Томъ I. Бумаги изъ дѣла о самозванкѣ извѣстной подъ именем княжны Таракановой. Pétersbourg, 1867 », *Journal des Savants*, juin 1869, p. 330-345, juillet 1869, p. 385-402. Nous citons le texte de cette publication, indiquée par le sigle JS.

2 *Cf.* A. Fonyi, « Les héros russes de Mérimée », *Cahiers Ivan Tourguéniev, Pauline Viardot, Maria Malibran*, n° 27, 2003, p. 33-41.

3 C'est le célèbre *Épisode de l'histoire de Russie. Les Faux Démétrius* (1853).

4 Mérimée publie un grand compte rendu analytique deux parties de l'*Histoire du règne de Pierre le Grand* d'Oustrialov en douze articles parus de juin 1864 à février 1868 dans *Le Journal des savants*, du procès du tsarévitch Alexis (cinq premiers articles) et de la « Jeunesse de Pierre le Grand » (sept suivants).

5 *Cf.* Alain Besançon, *Le Tsarévitch immolé. La symbolique de la loi dans la culture russe*, Paris, Payot, 1991, [1967]. L'histoire de Boris Godounov et du premier faux Dimitri (Démétrius Ier) est un événement capital pour Mérimée.

jeune femme au moment où elle commence à graviter dans des cercles d'ennemis de la Russie, Polonais ou Ottomans. D'autre part, ce n'est que dans un second temps que le choix de Mérimée se porte sur cette figure, comme le rappelle Thierry Ozwald[6] : c'est d'abord le cosaque Émilian Pougatchev, célèbre pour avoir mis la région de la Volga à feu et à sang entre 1773 et 1774, exactement au moment où la fausse Élisabeth arpentait les cours d'Europe[7], qui avait retenu l'attention de notre auteur. Plus rusé politique, Pougatchev touchait au cœur du problème de légitimité auquel était confrontée Catherine II, montée sur le trône en 1762 après avoir déposé, et peut-être fait assassiner, son mari Pierre III : c'est ce même Pierre III ressuscité ou miraculeusement épargné dont Pougatchev s'empare, se drapant dans les habits d'un personnage historique contesté mais connu, là où la fausse Élisabeth emploie un motif de comédie, celui du retour de la fille perdue, pour s'inventer un personnage dont l'existence n'est jamais attestée par ailleurs. La dissymétrie de leur importance historique réciproque s'exprime dans la différence de traitement dont ils firent l'objet : à Pougatchev l'exécution sanglante et publique sur la place Bolotnaïa de Moscou, à la fausse Élisabeth la mise au secret et la mort de maladie au fond d'une geôle, destin sans gloire que vient rapidement couronner le surnom de « Princesse Tarakanova », ou « Princesse Cafard ».

Pourquoi donc s'intéresser à ce cas qui semble mettre à mal le projet d'analyser le pouvoir russe, son rapport à la violence et le caractère profondément heurté de son cours, où la figure du souverain se trouve souvent menacée par des usurpateurs qui, contre toute attente, parviennent à susciter l'adhésion et ébranler le trône ? Notre hypothèse sera ici que, toute modeste que son histoire paraisse, la fausse Élisabeth présente pour le projet historique et potentiellement littéraire de Mérimée un intérêt réel : cette figure de mythomane patentée, passionnée par l'imposture et le mensonge, met en lumière de manière spectaculaire le changement de nature du pouvoir russe à l'époque de Catherine, qui saura mettre

6 Thierry Ozwald, *Mérimée et la Russie*, Paris, Eurédit, 2014, p. 259.

7 On rappelle que cette femme qui n'a jamais été identifiée apparaît en Europe de l'Ouest au début de la décennie 1770 : vers 1772, probablement sous l'influence de Polonais en exil à Paris, elle se prétend la fille de la défunte tsarine Élisabeth Ière, fille de Pierre le Grand, morte dix ans plus tôt sans laisser d'héritier connu. Elle cherche à rallier des forces étrangères, polonaises et turques, contre Catherine II, qui parvient à la faire enlever en 1775 et à la ramener en Russie, où elle meurt.

de manière autoritaire un terme à la vogue des prétendants fantaisistes à la toque de Monomaque. Son histoire apparaît donc comme une *coda* toute désignée au projet historique de Mérimée consistant à comprendre le pouvoir russe au prisme de ses contestations, mais aussi comme une affirmation ultime de la valeur de sa lecture historico-littéraire, qui donne ici une preuve supplémentaire de son efficacité consistant à s'appuyer sur le faux pour mieux révéler le vrai. Pour autant, il ne s'agit pas d'une simple manière de rejouer l'épisode des *Faux Démétrius* : le faux, ici pris dans un sens élargi qui inclut mensonge, illusion, faux-semblant et mise en scène spectaculaire de soi, réalise au sein de la chronique l'hybridation entre théâtre et histoire déjà esquissée dans des œuvres précédentes, cette fois au profit d'une promotion de la figure impériale.

Avant de démontrer ce point, il faut d'emblée écarter deux hypothèses qui expliqueraient ce revirement soudain de Mérimée en direction d'une figure historique plus modeste. L'histoire de la fausse Élisabeth présente-t-elle en effet un intérêt philologique à l'époque où Mérimée s'en empare, ce qui légitimerait son entreprise ? Pas totalement. Certes, plusieurs publications ont proposé des documents inédits sur l'affaire dans les années précédant notre texte : Mérimée les connaît bien, par l'intermédiaire de ses amis russes, d'abord Alexandra Ossipovna Smirnov qui met entre les mains de Mérimée le volume du *Recueil de la Société d'histoire russe* dans lequel cette histoire est évoquée et ensuite Tourguéniev qui lui fournit « un petit volume allemand[8] » sans nom d'auteur et s'entretient à de nombreuses reprises avec lui de ce sujet dans leur correspondance de 1869[9]. Mais cela ne suffit pas à expliquer l'intérêt de Mérimée : au contraire, ses propres tentatives de dépouillement dans les archives françaises n'ont pour résultat que la mise au jour d'une seule et unique lettre consacrée à cette histoire. Mérimée choisit alors de synthétiser ses deux sources principales, le texte russe et le volume allemand, et fait paraître son étude, achevée le 2 juin 1869

8 Lettre à Ivan Tourguéniev, 2 juin 1869, *Correspondance générale* [*C. G.* par la suite], établie et annotée par Maurice Parturier avec la collaboration de Pierre Josserand et Jean Mallion pour les t. I-VI, Paris, Le Divan, 1941-1947, t. VII-XVII, Toulouse, Privat, 1953-1964, t. XIV, p. 505.

9 Pour le détail de cet apport philologique sur l'histoire de la fausse Élisabeth, nous renvoyons à notre édition du texte dans le t. IV de la section *Histoire* des *Œuvres complètes* de Mérimée à paraître chez Honoré Champion sous la coordination d'Antonia Fonyi.

et dont les épreuves ont été corrigées le 30 juin, en deux articles dans les livraisons de juin et juillet du *Journal des savants* : « L'Histoire de la fausse Élisabeth II » ressemble fort à une simple traduction aménagée, à un compte rendu qui n'aurait pour intérêt historique que de fournir pour la première fois au lecteur une version en français du testament factice de sa « mère », la tsarine Elizaveta Petrovna, que l'usurpatrice fournit à Catherine II. La récolte est donc bien maigre : elle aurait dû même inciter Mérimée à renoncer à son projet, qui ne semble constituer ni un travail original, ni une œuvre littéraire ou historique à part entière.

La seconde hypothèse serait que Mérimée découvre dans ces différentes sources une figure injustement oubliée de l'histoire, qu'il entreprendrait de réhabiliter. Mais Mérimée n'a jamais eu cette impression : au contraire, sa correspondance avec Tourguéniev ou avec Prosper Faugère, directeur des archives qu'il explore, signale constamment le grand mépris qu'il conçoit pour cette « coquine, essayant sans beaucoup d'intelligence le rôle du 1er Démétrius[10] », cette « aventurière allemande assez peu digne d'intérêt[11] ». Le portrait qu'il en esquisse dans ses documents privés ne laisse guère de place à l'idéalisation : « J'ai fait des recherches dans nos archives et n'ai trouvé que peu de choses. Un consul de France prétend qu'elle était borgne et qu'elle avait 40 ans. Je crois qu'elle n'était que louche. Il paraît qu'Alexis Orlow a couché avec elle[12]. »

De fait, le portrait qu'il dresse de son personnage dans le cadre de son compte rendu sert à accentuer constamment les insuffisances et les défauts de la jeune femme. Pour une menteuse patentée, elle n'est même pas une artiste du genre. Elle ne sait pas faire illusion devant un être aussi médiocre que son amant le prince de Limbourg, qui perce rapidement à jour ses mensonges : « d'autres fois il la supplie de ne plus inventer de fables, la conjure de lui dire la vérité, prêt à tout lui pardonner, jusqu'à ses trahisons. Elle venait de perfectionner son roman[13]. » Dès qu'elle se retrouve face au rusé Orlov, elle ne cesse de se contredire et de s'embrouiller dans sa propre fable : « Quelques lignes plus loin l'aventurière, oubliant qu'elle est en Turquie, offre à Orlof d'aller le voir à Livourne[14]. » « L'Histoire

10 Lettre à Ivan Tourguéniev du 31 mars 1869, t. XIV, p. 441.
11 Lettre à Prosper Faugère, 2 mai 1869, *C. G.*, t. XIV, p. 481.
12 Lettre à Ivan Tourguéniev, 19 mai 1869, *C. G.*, t. XIV, p. 496.
13 JS, p. 335.
14 JS, p. 344.

de la fausse Élisabeth II », c'est d'abord l'histoire d'une mythomane pathétique, qui ment de manière pathologique, plus que par calcul. À ce titre, elle se distingue très nettement du portrait que l'on peut lire comme beaucoup plus empathique fait du premier faux Démétrius, dont le recours au mensonge va de pair avec une vraie sincérité et spontanéité, ainsi que l'a montré Paule Petitier[15].

D'un autre côté, le portrait que Mérimée brosse de Catherine II en femme de tête déterminée et n'hésitant pas à recourir à la violence n'apparaît pas au premier abord comme susceptible d'apporter un nouveau regard sur celle qui traîne encore une légende noire tout au long des XVIIIe et XIXe siècles :

> Plus tard, apprenant que cette femme était à Raguse, elle [Catherine] ordonnait à Orlof de faire demander son extradition par quelques vaisseaux de son escadre, et de jeter même une ou deux bombes dans la ville, si le sénat de cette petite république osait faire quelque difficulté[16].

La violence politique dont Catherine fait usage est également soulignée dans la description du traitement infligé à la jeune usurpatrice, enceinte d'Orlov, à la forteresse Pierre-et-Paul. Mérimée souligne ainsi par la litote la sévérité des conditions d'emprisonnement :

> Je ne pense pas qu'il fût besoin de stimuler le zèle du prince Golitsyne. Dès qu'il s'était aperçu que la prisonnière était moins souffrante, il l'avait fait transporter de l'appartement du commandant à une chambre dans un bastion, peut-être dans un cachot[17].

Face à Catherine se dresse en revanche une usurpatrice à la petite semaine, dont Mérimée souligne la passion de l'imposture, en dehors même de tout projet politique cohérent[18] :

> On a peine à deviner le but de tous ces mensonges, et, pour ma part, je n'en vois d'autre explication qu'une habitude invétérée. Retenue quelques jours

15 Voir à ce propos Paule Petitier, « Mérimée et la vérité des impostures », *Écrire l'histoire*, nº 10, 2012, p. 15-23.

16 JS, p. 387.

17 JS, p. 398.

18 Ce qui marque la différence essentielle avec le premier des faux Démétrius, dont Mérimée fait une authentique figure politique. *Cf.* Xavier Bourdenet, « Faux et usages de faux : l'histoire et son écriture dans *Les Faux Démétrius* », *Cahiers Mérimée*, nº 1, 2009, p. 32-55.

> dans son lit par la fièvre, elle eut, dès qu'elle put se lever, le caprice le plus extravagant : c'était de s'habiller en homme et d'aller au conclave rendre visite au cardinal. On voit qu'elle aimait les difficultés et les recherchait comme un chevalier errant. Roccatani eut toutes les peines du monde à lui remontrer la folie et l'impossibilité de cette mascarade[19].

Or, ce qui doit attirer notre attention est le fait que, cette passion de l'imposture, Mérimée cherche à la souligner en permanence dans le texte, ce qui nous fait soupçonner que c'est paradoxalement là que réside l'intérêt de cette histoire. Le premier indice laissé par l'auteur en est qu'il s'associe en quelque sorte à la fausse Élisabeth en renforçant le mystère qui plane autour d'elle, là où sa correspondance (il l'y traite « d'Allemande ») suggère qu'il dispose d'une hypothèse tangible sur son identité. Dans sa chronique, de même qu'il avait cherché à opacifier l'identité du premier faux Dimitri en déclarant que c'était Boris Godounov qui avait prétexté qu'il s'agissait du moine défroqué Gricha Otrepiev[20], Mérimée s'assure que le lecteur ne puisse jamais aller au-delà de ce que promet le titre et découvrir qui se cache derrière cette « fausse Élisabeth », entièrement définie par son aspect illusoire et son mensonge éhonté. D'abord, le sobriquet courant de « Princesse Tarakanova », si imagé et dévalorisant en russe (*tarakan* signifie « cafard »), est bien utilisé par Mérimée dans sa correspondance pour évoquer l'usurpatrice, mais il n'est mentionné qu'à la toute fin du compte rendu, précisément dans un passage où Mérimée explique que la mémoire de la jeune femme est tombée dans l'oubli :

> Il y a quelques années un officier de mes amis, ayant été mis aux arrêts dans la forteresse, se promenait dans un des bastions. Un soldat lui montra d'un air de mystère un endroit près du rempart. « C'est là, lui dit-il, qu'on a enterré la

19 JS, p. 388-389.

20 « L'identité du faux Démétrius avec le moine Otrepief a été adoptée comme un fait constant par la plupart des historiens modernes ; mais, parmi les contemporains, elle ne paraît pas avoir obtenu de créance, même auprès de ceux qui ne doutaient pas que cet homme ne fût un imposteur. En effet, elle ne repose que sur l'assertion de Boris, qui, à mon avis, ne supporte pas un examen sérieux. » *Épisode de l'Histoire de Russie*, éd. Pierre Gonneau, *Œuvres complètes, Section III. Histoire, t. 3, Histoire de Russie, I. Les Faux Démétrius*, Paris, Honoré Champion, 2012, p. 109. Mérimée s'oppose ici à toute une tradition historiographique au profit d'un anonymat qu'il juge particulièrement « séduisant » : « Il me semble que la vie si courte de cet homme étrange dont il est impossible de dire le vrai nom a quelque chose de séduisant [...]. » (Lettre à Adolphe de Circourt, 11 juillet 1850, *C. G.*, t. VI, p. 76.)

> Tarakanof. » Le secret de cette sépulture avait été transmis de génération en génération par les soldats de garde. Aucun ne savait qui était la Tarakanof[21].

D'autre part, Mérimée cherche à défamiliariser le lecteur français de l'image légendaire véhiculée par le tableau de Konstantin Flavitski, peint en 1864 et présenté en France à l'Exposition de 1867, à peine deux ans avant la parution du texte de Mérimée. Intitulé « La Princesse Tarakanova », le tableau représente une belle et jeune femme agonisant dans sa cellule en train d'être inondée lors des crues de la Néva en 1777 : l'usurpatrice y est donc figurée comme une sorte de Marie Stuart, héroïne pleine de beauté et de charme, malheureuse victime de sa rivale Catherine qui aurait pris soin de la faire enfermer dans une geôle située sous le niveau des eaux, dans une cité régulièrement en proie aux crues furieuses du fleuve gigantesque qui la traverse. Les faits contredisent cette version fantasmée de l'histoire : la grande inondation de Saint-Pétersbourg qui sert de fond à la disparition pathétique de la jeune martyre a eu lieu en 1777, deux ans après la mort en prison de la fausse Élisabeth.

Mais ce n'est pas sur le plan de la véracité historique que Mérimée cherche à miner cette légende : il s'emploie plutôt à mettre l'accent sur le « luxe de mensonges » dont se nimbe la fausse Élisabeth, rendant impossible de stabiliser une seule et unique version de son histoire qui, telle la nef Argo, se transforme toujours en plein vol. En se remémorant ses quelques souvenirs d'enfant trouvée, elle évoque tantôt des routes enneigées à perte de vue, tantôt la chaleur du désert iranien. La rencontre à Ispahan avec un mystérieux prince, Hali, qui détient le secret de ses origines, a tout d'un conte des *Mille et une nuits* : il devient un personnage décisif de la nouvelle version de son histoire qu'elle invente pour Catherine II et où elle ne serait que la victime malheureuse de machinations politiques qui la dépassent et qui sont orchestrées depuis le lointain Orient. Or, son récit est toujours si riche qu'elle peine à en conserver la cohérence : au comte Orlov, envoyé pour la capturer et la ramener en Russie et qui la séduit pour mieux accomplir sa sinistre tâche, elle écrit qu'elle est déjà en Turquie (et qu'elle a donc réussi son rapprochement avec un autre grand ennemi de la Russie, d'autant plus dangereux que contrairement à la Pologne il dispose d'une force

21 JS, p. 402, n. 1.

militaire), alors qu'elle vient de lui dire résider à Livourne. Personne n'est dupe de telles histoires. Même le prince de Limbourg, son jaloux de comédie, qui supporte dans sa suite l'amant polonais de la belle à qui il sacrifie sa fortune, « la supplie de ne plus inventer de fables ». Qu'elle soit une menteuse, on le sait donc dès le départ, mais qui elle est vraiment ne sera jamais élucidé dans le texte : jusqu'au bout, une aura de mystère et de faux-semblants entoure la jeune femme, jusqu'à ses derniers moments de liberté à Venise, ville des masques.

Mais si sa posture contribue à la discréditer comme figure politique, elle permet aussi à Mérimée de progresser dans son archéologie du pouvoir russe. En effet, ce que l'usurpatrice incarne, c'est une vision du pouvoir typiquement russe à laquelle Catherine II saura efficacement mettre un terme. D'une part, son goût pour la mise en scène souvent grotesque évoque le système de la « parodie sacrée » par laquelle l'autorité impériale en Russie s'est paradoxalement consolidée, d'Ivan le Terrible à Pierre le Grand[22], en s'appuyant sur des renversements carnavalesques de l'autocratie. La fausse Élisabeth, qui n'est que l'ombre parodique de cette souveraine dont elle se réclame, serait l'un des maillons de cette construction chaotique de l'autorité charismatique du souverain russe. Elle mettrait en valeur par contraste le portrait politique que fait Mérimée de Catherine II, où l'on discerne un profond changement dans la structure du pouvoir, qui renonce à ces inversions parodiques pour promouvoir une autorité verticale, maîtresse d'elle-même, et susceptible de frapper directement ceux qui contestent sa légitimité.

D'autre part, la fausse Élisabeth a beau être fantasque et soupçonnée par Catherine et Mérimée lui-même de folie, elle ne se trompe pas sur ce qui fait l'essence d'un tsar en Russie : ne disposant pas d'un principe clair comme celui de la monarchie de droit divin, la culture politique russe est fondée sur l'origine mystérieuse de l'élection à la fonction impériale, ce qui autorise justement les usurpateurs à réclamer régulièrement le trône contre toute logique et vraisemblance[23]. La fausse Élisabeth a donc dans une certaine mesure raison de s'appuyer sur la mise en scène du mystère planant sur ses origines pour revendiquer le pouvoir ; mais à ce

22 Voir l'ouvrage fondamental d'Ernest A. Zitser, *The Transfigured Kingdom. Sacred Parody and Charismatic Authority at the Court of Peter the Great*, Ithaca, Cornell University Press, 2004.

23 *Cf.* Claudio Ingerflom, *Le Tsar, c'est moi. L'imposture permanente d'Ivan le Terrible à Vladimir Poutine*, Paris, PUF, 2015.

titre, elle s'oppose fortement au nouveau régime promu par Catherine II, souveraine qui veut dissiper les mensonges et assume en pleine lumière la part d'ombre de son propre parcours (l'importance dans la chronique du personnage d'Orlov, qui participe à l'assassinat du mari de Catherine, joue ici clairement un rôle de rappel de cet arrière-plan sulfureux). Ici encore, comme l'a remarqué Thierry Ozwald, le faux dévoile le vrai dans les textes de Mérimée sur l'histoire de la Russie : Mérimée souligne le changement introduit par Catherine dans un régime qui se présente désormais comme une structure verticale et transparente et renonce aux mises en scène parodiques du pouvoir.

La « passion de l'imposture » qui nous sert de titre est donc partagée par la fausse Élisabeth et par Mérimée : la prolifération du faux dans cet épisode lui permet non seulement de promouvoir une figure intrinsèquement pittoresque, mais aussi de montrer l'intérêt profond qu'elle présente pour l'historien, puisque sa tentative d'usurpation touche au cœur du système politique russe et met en valeur un moment décisif de son histoire. Cette passion commune se retrouve dans le fait que Mérimée, comme son héroïne ou anti-héroïne, profite de cette logique du masque et du faux-semblant, qui semble si peu compatible avec l'écriture historique, mais qui se révèle ici un instrument décisif de la mise en lumière de faits occultés par les contemporains.

Ce que l'enquête historique de Mérimée dévoile de nouveau, c'est en effet moins l'écheveau de ce « luxe de mensonges », déjà présenté dans les documents historiques antérieurs, que la puissante stratégie démystificatrice de la tsarine, dont l'efficacité et la détermination constituaient jusque-là une autre zone d'ombre de l'histoire de la princesse Tarakanova. En effet, Mérimée souligne que, contrairement à l'exécution spectaculaire de Pougatchev, Catherine se doit de traiter l'affaire de la fausse Élisabeth sous le sceau du secret :

> Ce qui me surprend dans toute cette affaire, c'est la crédulité et la jobarderie des princes et des ministres de ce temps. La moitié était persuadée qu'elle était fille d'Élisabeth, et il semble que Catherine elle-même ait cru impossible de détromper l'Europe, puisqu'elle n'a pas voulu qu'on dît un mot sur la dame[24].

Si la chronique de Mérimée dévoile des faits historiques et rétablit une vérité, c'est moins celle de l'identité de la fausse Élisabeth et de son

24 Lettre à Ivan Tourguéniev, 19 mai 1869, *C. G.*, t. XIV, p. 496.

rôle politique, immédiatement minoré, que celle du comportement de Catherine II, qui lors de cet épisode inaugure, on l'a dit, un changement profond dans les structures du pouvoir russe, sans pouvoir jamais l'afficher. Le portrait de Catherine que l'on peut reconstituer dans le texte frappe par le fait que Mérimée y dépeint une souveraine en pleine possession de ses moyens, qui recourt à une violence articulée uniquement à un but politique, ce qui contribue à donner à la tsarine des traits moins noirs que ceux qui lui sont attribués à la même époque en Europe de l'Ouest. Le matériau historique sélectionné par l'auteur vient à l'appui de ce propos, par exemple à travers la correspondance entre l'aventurière, la souveraine et Golitsyne. Celle-ci se caractérise par la grande différence entre le ton sec et précis de Catherine et les grandes lettres envoyées dans un mauvais français par l'usurpatrice, qui commet erreur sur erreur avec la souveraine, par exemple en lui faisant parvenir comme preuve le faux testament complètement fantasque qu'elle présente comme celui d'Elizaveta Petrovna. À l'inverse, Catherine ne s'embarrasse pas de préventions lorsqu'elle écrit à Golitsyne :

> Ajoutez que personne ne doute qu'elle ne soit une aventurière ; et conseillez-lui de baisser de ton, et de déclarer franchement de qui elle a appris le rôle qu'elle joue, quelle est son origine, et depuis quand elle a commencé ses impostures[25].

C'est d'ailleurs Catherine qui a le dernier mot dans le texte, et Mérimée partage en définitive son avis, dans les dernières phrases de son article :

> Catherine n'aurait-elle pas deviné juste lorsqu'elle écrivait que la fausse Élisabeth avait la tête dérangée. Nous avons vu que plusieurs imposteurs, Mathurin Bruneau, par exemple, étaient des fous[26].

Mérimée lui rend justice sur le plan historique, mais, dans une certaine mesure, il recourt pour le faire à des instruments littéraires. Car s'il reste fondamentalement un compte rendu de type historique, son texte se distingue à l'occasion de la sécheresse objective de ses sources par la présence d'un motif dramatique souterrain. Ainsi, dans l'épisode italien, de Venise à Livourne, Mérimée élabore le jeu de rôle politique en un jeu de masques très théâtralisé : il souligne avec gourmandise qu'au sein de ce grand carnaval politique, on ne sait vraiment plus qui

25 JS, p. 397.
26 JS, p. 402. – Mathurin Bruneau (1784-1822) tenta de se faire passer pour Louis XVII.

est qui – ainsi du pauvre Orlov qui, dans sa recherche de l'usurpatrice, commence par s'égarer et à courtiser « une marchande de modes patentée par le harem du sultan » qu'il prend pour la Tarakanova. Durant cette séquence, les références à la mise en scène de soi et au jeu d'acteur (mauvais chez la fausse Élisabeth, bien meilleur chez Orlov) culminent lors de l'enlèvement de la jeune femme sur ce qui devait être un navire-alcôve et qui se révèle un navire-prison. Elles prolongent le thème de la simple imposture ou du mensonge, partout présent dans l'histoire de la fausse Élisabeth, et orientent le compte rendu du côté d'un récit qui s'appuie, sinon sur des références théâtrales précises, du moins sur une métaphore théâtrale reconnaissable par le lecteur.

Cette injection, modeste mais malgré tout sensible, d'une atmosphère théâtrale et de références dramatiques sert le projet historique et la vision politique de Mérimée. Le traitement théâtral des figures de pouvoir tourne en effet à l'avantage de Catherine, qui apparaît en souveraine déterminée devant son antagoniste entièrement définie par le faux-semblant et l'illusion, sans identité autre que toutes celles qu'elle se compose et que la réalité décompose en permanence : on a l'impression de retrouver en filigrane du texte une intrigue à la *Cinna*, où les mensonges et les conspirations secrètes n'ont d'autre but que de préparer l'apparition finale d'une figure impériale bien supérieure au jeu d'intérêts personnels et de petits mensonges qui anime le groupe de ses rivaux.

Le texte de l'historien français évoque à ce titre ces fictions théâtrales sur les usages politiques de la violence qui ont fleuri à l'époque moderne. De Max Weber et sa théorie du charisme à l'analyse des châtiments publics par Michel Foucault en passant par la relecture de Machiavel et Hobbes par Carl Schmitt, beaucoup de critiques s'accordent sur le fait que l'autorité de l'époque moderne se fonde dans un acte extraordinaire de violence[27]. À leur suite, Louis Marin a insisté sur le rôle joué par le théâtre dans cette légitimation : selon le critique, aucune théorie politique n'est susceptible de conférer une légitimité à cet acte violent qui fonde l'autorité de l'autocratie, et c'est la pratique du théâtre qui se charge de le mettre en scène et de le faire accepter[28].

27 Voir *Économie et société* (1921, posthume) de Max Weber, *Théologie politique* (1922) de Carl Schmitt et *Surveiller et punir* (1975) de Michel Foucault.

28 Louis Marin, « Théâtralité et pouvoir : magie, machination, machine : *Médée* de Corneille », *Politiques de la représentation*, Paris, Kimé, 2005, p. 264-266. Voir aussi : Jean-Marie

Le traitement de l'épisode de la fausse Élisabeth par Mérimée se rapproche nettement d'une telle conception, où un acte violent établit le pouvoir comme légitime et met fin à ses contestations : on sait que l'archéologie du pouvoir russe à laquelle il se livre est de toute évidence une histoire de la violence, qui investigue ses différentes formes et ses divers usages politiques en contexte russe. Or, sur le plan proprement historique, la stratégie adoptée par Catherine II elle-même est tout sauf spectaculaire : Mérimée réactive alors une structure théâtrale présente dans l'histoire de l'usurpatrice, afin de mettre en scène le triomphe occulté de l'impératrice, qui paraît en figure dissipant les masques et à la recherche de la seule vérité. À partir du matériau historique à sa disposition, l'écrivain recompose donc un grand théâtre de la politique qui s'achève en victoire de l'autocratie. Cela signifie que, sous son aspect bien modeste, « l'Histoire de la fausse Élisabeth II » introduit une nette différence par rapport aux textes précédents sur l'histoire de la Russie, car le faux n'y a pas la même valeur. Il n'y est pas valorisé en tant que tel, comme c'était le cas dans le travail sur les faux Démétrius, puisqu'il s'agit *in fine* de mettre en relief l'autorité verticale de Catherine et le tournant que son règne constitue dans l'histoire des formes du pouvoir russe. En revanche, il apparaît comme un instrument à la disposition de l'historien, non seulement comme terrain d'exploration de ces « nœuds » historiques où se révèle l'essence du pouvoir, mais aussi comme instrument direct de mise en scène et de spectacularisation de ce qui était resté jusque-là dans l'ombre.

Sur le plan idéologique, la chronique publiée par Mérimée témoigne nettement, par rapport à « l'épisode » traité en 1853 au bénéfice de ces multiples et fantasques Démétrius, d'un raidissement conservateur de l'auteur, qui cesse de promouvoir des figures d'usurpateur romanesques pour mieux déplacer l'accent sur les souverains charismatiques et autoritaires qui ne s'en laissent pas conter. Mais sur le plan historico-littéraire, ce texte marque néanmoins une avancée dans la méthode de Mérimée qui entrelace la rigueur de la chronique et un imaginaire théâtral venant souligner et mettre en valeur l'activité de mise en lumière de l'historien. Or, on se souvient qu'en traitant de l'histoire des faux Démétrius, Mérimée

---

Apostolidès, *Le Prince sacrifié : théâtre et politique au temps de Louis XIV*, Paris, Minuit, 1985 ; Stephen Greenblatt, *Shakespearean Negociations : The Circulation of Social Energy in Renaissance England*, Berkeley, University of California Press, 1988.

avait aussi eu la tentation du théâtre, par ses « scènes historiques » intitulées *Les Débuts d'un aventurier* : Jean-Louis Backès les réduit à un instrument auxiliaire de la recherche historique, au rôle très mineur, en disant que « tout se passe comme si Mérimée avait voulu se donner, outre une idée abstraite de la tournure qu'avaient pu prendre certains événements, une vision concrète de leur déroulement[29] ». Il nous semble pourtant que la prégnance du motif théâtral dans « l'Histoire de la fausse Élisabeth II », s'il vient confirmer la valeur heuristique du genre dans la compréhension de l'Histoire, montre que Mérimée y recourt de manière essentielle et non périphérique : l'historien dramatise son matériel pour mettre Catherine II en pleine lumière, là où son geste fondateur de mise à mort du système même de l'usurpation avait été relégué dans les coulisses de l'histoire. Et c'est justement là que pour Mérimée il y a matière pour écrire l'histoire : si le spectacle de la mise à mort de Pougatchev a déjà eu lieu, la comédie de la fausse Élisabeth, qui tourne vers sa fin en drame politique à la gloire de Catherine II, restait encore à représenter.

Victoire FEUILLEBOIS
Université de Strasbourg

29 Jean-Louis Backès, « Présentation » des *Débuts d'un aventurier*, *Œuvres complètes. Section III. Histoire, t. 3, Histoire de la Russie, I. Les Faux Démétrius*, *op. cit.*, p. 359.

LA CORRESPONDANCE DE TOURGUÉNIEV AVEC VALENTINE DELESSERT

Valentine Delessert (1806-1894), née comtesse de Laborde, tient à Paris un salon célèbre. Elle devient la maîtresse de Mérimée en 1836, puis de Maxime Du Camp. Elle a prêté ses traits à Mme de Piennes dans *Arsène Guillot*, mais aussi à la Viviane des *Forces perdues* de Du Camp[1] ainsi qu'à Mme Dambreuse de *l'Éducation sentimentale* de Flaubert et à Mme de Grandet du roman *Lucien Leuwen* de Stendhal. Des personnages fort peu sympathiques, en somme.

Au fond, on ne sait pas grand-chose de cette Mme Delessert avec qui Tourguéniev correspond de 1861 à 1882 : au total trente-neuf lettres rédigées dans un français élégant et impeccable dont presque la moitié sont écrites après le décès de Mérimée et où son nom ne figure pas. Maurice Parturier avait noté la chose, avec regret, dans son recueil *Une amitié littéraire*, en 1952. Il en a publié huit intégralement et huit autres fragmentairement ; ces seize lettres et les vingt-trois restantes ont été incluses dans la correspondance générale de Tourguéniev éditée par l'Académie des Sciences de Russie dont il y a deux éditions, la seconde n'étant pas encore achevée[2]. On aurait tort de considérer comme inédites ces vingt-trois lettres qui n'ont pas paru dans une édition française, puisque leur texte est imprimé dans l'original français par des chercheurs de l'Académie[3].

1 Roman réédité avec une préface de Tourguéniev par Thierry Poyet, Paris, Eurédit, 2011.

2 Ivan Tourguéniev, *Œuvres complètes* éditées par l'Académie des Sciences de l'URSS, série « Lettres », Moscou-Léningrad, 1961-1983, 13 vol. ; 2e édition, corrigée et complétée [jusqu'à 1879], 1982-2018, 16 vol.R Respectivement EA1 et EA2 par la suite.

3 Comme j'aborde ce problème des éditions étrangères, je souligne que les chercheurs français pourraient y trouver du grain à moudre, des textes imprimés en français sur nos écrivains nationaux, y compris Mérimée. Une revue que je publie depuis 1977 en France et en français, les *Cahiers Ivan Tourguéniev*, n'est guère consultée chez nous, alors qu'elle contient des articles sur la littérature française.

Nous n'avons pas une seule lettre de Valentine à Ivan, alors qu'elle a pourtant répondu aux épîtres du Russe. De toute évidence, l'égérie de celui-ci, la cantatrice Pauline Viardot, femme jalouse, perverse et pyromane, a détruit par le feu toutes les correspondances féminines de Tourguéniev dont elle avait hérité après sa mort, à l'exception de celle de George Sand, dont elle savait qu'elle ne contenait pas d'épanchements amoureux. Il ne s'en trouvait du reste pas davantage dans celle de Valentine. Mais aussi, même si le style est bon chez le cosmopolite ou l'Européen Tourguéniev, le fond m'a paru si pauvre dans cette petite correspondance que j'ai hésité à m'attaquer à un sujet presque inexistant. Mérimée, l'intermédiaire, le passeur, m'y est apparu comme un laissé pour compte. Malgré ces deux écueils majeurs, une Valentine aphone et un Tourguéniev qui n'a pas grand-chose à dire, bien qu'il tienne à cette femme jusqu'à sa propre mort, on peut retenir de ces lettres quelques éléments susceptibles d'intéresser un auditoire de spécialistes et d'amis de Mérimée.

Ainsi y découvre-t-on un Mérimée marieur. Si on ne le connaît pas sous cet aspect, on connaît bien le facétieux, et l'idée qu'il eut en rencontrant pour la première fois un Russe de le faire boire. Je rappellerai ce billet du 7 avril 1857 adressé à la comtesse de Circourt, qui était Russe elle-même : « [...] je fais jouer aux échecs Mr de Turghénief après avoir essayé de le griser. J'aurais prié Mr de Circourt de m'assister dans cette bonne œuvre, si je n'avais craint de le scandaliser[4]. » Plus tard, Mérimée fit la connaissance de Mme Viardot, et fut frappé par son physique ingrat et par l'emprise qu'elle exerçait sur son chevalier servant, faible et docile. Il remarqua aussi à ses côtés une fille naturelle du Moscove, une paysanne recueillie par Pauline, et qui, pour comble d'ironie, se prénommait Paulinette. La voyant abattue, malheureuse, il comprit tout, et décida de présenter Tourguéniev à Valentine Delessert, sachant que cette femme pieuse et charitable pourrait se rendre utile auprès de lui. Comme Tourguéniev n'a pas pu se rendre à une invitation de Valentine, il lui écrit : « Vous saurez [...] que Mad. D[elesser]t avait à vous parler d'une question qui vous intéresse, qu'il s'agissait d'un parti (non d'un parti politique), mais d'un parti pour Mlle votre fille[5]. » On notera que

4 Billet inédit, publié dans mon article « Mérimée dans la *Correspondance générale* de Tourguéniev », *Cahiers Mérimée*, n° 8 (2016), p. 67.

5 Lettre du 9 décembre 1863, *Correspondance générale* [*C. G.* par la suite], établie et annotée par Maurice Parturier avec la collaboration de Pierre Josserand et Jean Mallion pour les

Mérimée semble appliquer ici à la réalité ce qu'il a publié une vingtaine d'années plus tôt sur les deux personnages de sa nouvelle : Arsène et Mme de Piennes, l'une recevant les bienfaits de l'autre. De tels procédés de transposition ne sont pas courants, mais la morale de cette histoire, qui aurait pu n'être qu'un fait divers, réside dans la volonté constamment affirmée chez Mérimée de faire le bien.

Entre Mme Delessert et Tourguéniev il n'y eut aucune sensualité, aucune familiarité, ces deux aristocrates jouèrent leur rôle à la perfection jusqu'à la fin, l'une en procurant avec beaucoup de peine un mari à Paulinette, l'autre en se faisant l'adorateur d'une femme devenue une seconde mère pour cette jeune fille délaissée de tous, y compris de sa propre mère, éloignée en Russie. Cette étonnante adoration rappelle celle que le Russe éprouva pour Mme Viardot qui, elle, n'avait pas su ou voulu être maternelle avec la petite. Tourguéniev gagna une sérénité *ad vitam aeternam* dans l'amitié bienfaisante de Valentine qui joua son rôle de mère jusqu'au bout et pour qui Paulinette se prit d'affection.

Malgré des études poussées pendant plus d'un siècle sur ce classique de la littérature russe, le tournant que constitue son amitié pour cette aristocrate française catholique et bien-pensante n'avait jamais été noté jusqu'ici. Et nous n'avons jamais vu ailleurs, dans aucune de ses épîtres, l'expression perpétuelle d'une adoration aussi inépuisable que celle qui se fait jour dans la correspondance avec Valentine. En voici quelques exemples.

> Ma fille me charge de vous dire mille tendresses : elle s'est prise d'une véritable passion pour vous. C'est tout naturel – vous avez été si bonne pour elle. Quant à moi, j'espère bien que vous ne doutez pas des sentiments d'affection inaltérable que je vous ai voués[6].
>
> Ma fille partage tous mes sentiments pour vous, avec une petite pointe de tendresse filiale, que je suis très heureux de lui voir et dont vous ne lui saurez pas moins gré, je l'espère. [...] Acceptez l'expression de mon dévouement le plus affectueux[7].
>
> Portez-vous bien et recevez l'assurance de mon inaltérable attachement[8].
>
> Je vous prie de croire à mon inaltérable dévouement[9].

---

t. I-VI, Paris, Le Divan, 1941-1947, t. VII-XVII, Toulouse, Privat, 1953-1964), t. XI, p. 555.

6 Tourguéniev à Mme Delessert, 13 juillet 1863, EA[1], t. V, p. 187-188.

7 Du même à la même, 20 septembre 1863, *ibid.*, p. 206.

8 Du même à la même, 11 décembre 1863, *ibid.*, p. 232-233.

9 Du même à la même, 10 janvier 1864, *ibid.*, p. 240.

> À vous l'assurance de mon attachement le plus sincère et le plus durable[10].
> Je baise vos mains très affectueusement[11].
> Je vous embrasse tendrement les mains et suis à jamais votre tout dévoué[12].
> Je vous baise les mains et suis pour toujours votre dévoué[13].
> Désirez-vous que je vous rapporte quelque chose de Russie ? Une coiffure de paysanne[14] ?
> Croyez à la sincérité de mon inaltérable dévouement[15].
> Acceptez l'assurance de mon attachement sincère et dévoué[16].
> Je vous remercie de me donner des renseignements sur vos enfants : tout ce qui tient à vous m'est cher, et quant à Mme de Nadaillac, je lui ai voué une affection véritable[17].
> Vous avez en moi un ami dont l'affection restera éternellement inaltérable. J'embrasse vos mains avec tendresse[18].

J'arrête, il y en a trois fois plus. Ce n'est pas une correspondance amoureuse : Tourguéniev se joue une comédie où Valentine est sa femme et où Paulinette est la fille de Valentine. Ils sont d'ailleurs heureux tous les trois dans ce contexte fabriqué où Mérimée est, sans le savoir et dans la coulisse, l'artisan bienfaisant. La métamorphose du personnage Tourguéniev est complète : le démocrate, le républicain athée devient pour les besoins de la cause bonapartiste, catholique, bien-pensant. Ayant trouvé dans l'île de Ventnor une Anglaise catholique pour servir de gouvernante à Paulinette, il fait abjurer à sa fille l'orthodoxie, et elle se mariera en la paroisse de Notre-Dame de Grâce de Passy avec le catholique Gaston Bruère qui administre dans le Loir-et-Cher une manufacture de verre appartenant à Sigismond de Nadaillac, le gendre de Valentine. De plus, Tourguéniev ferme les yeux sur ce qu'il sait de Valentine, de ses amours avec Mérimée et avec Maxime Du Camp. Auteur d'une préface pour la traduction russe des *Forces perdues* de ce dernier, il a certainement reconnu en l'héroïne du roman la femme qui avait fait souffrir Maxime, un « détail » sur lequel il ne s'attarde pas

10 Du même à la même, 28 juillet 1864, EA[1], t. VI, p. 43-44.
11 Du même à la même, 19 décembre 1864, *ibid.*, p. 70.
12 Du même à la même, 8 mars 1865, *ibid.*, p. 112.
13 Du même à la même, 5 mai 1865, *ibid.*, p. 133-134.
14 Du même à la même, 17 juin 1865, *ibid.*, p. 141-142.
15 Du même à la même, 14 janvier 1866, EA[1], t. VII, p. 7.
16 Du même à la même, 19 février 1866, *ibid.*, p. 14-15.
17 Du même à la même, 19 septembre 1866, *ibid.*, p. 59-60. Mme de Nadaillac est la fille de Valentine, qui avait invité Tourguéniev à séjourner chez elle à Biarritz.
18 Du même à la même, 17 avril 1871, EA[1], t. IX, p. 53.

en 1867, alors que lui-même, par deux fois, décrit ce type de perverse exerçant son pouvoir sur un amoureux transi : Irène dans *Fumée* (1867) et Mme Polozova dans *Eaux printanières* (1872).

Le catholicisme présente d'autres avantages, surtout quand on est en bons termes avec une femme de la haute société qui connaît la moitié de Paris. Il fait comprendre à cette mondaine que Mary Innis, la gouvernante anglaise catholique de sa fille, est bien seule après le mariage de Paulinette, en sous-entendant que Mme Delessert pourrait lui trouver un emploi. Et pourquoi ne pas pressentir cette dame pour donner un coup de pouce publicitaire à son demi-frère français Louis Pomey qui vient d'ouvrir à Paris un cours de dessin pour demoiselles amateurs ? En 1873, il prie Valentine de procurer une place de lectrice ou d'institutrice à la fille d'un bibliographe russe qui n'a jamais rien publié, en précisant que cette Hermione de Poltoratsky est catholique. Tourguéniev ne manque pas de duplicité. Il fait l'éloge devant sa mère du fils de Valentine, Édouard Delessert à propos de sa notice biographique sur la comtesse de Mulissac[19], lui assure qu'il va donner « son avis bien sincère » à Mr Édouard sur son ouvrage[20], mais cela ne l'empêche pas d'assurer dans une lettre à Pauline Viardot que ce dernier est « le plus grand butor, le personnage le plus désagréable qu'on puisse imaginer, ami tout particulier de S. M. Votre maître[21] ».

Pour complaire à Valentine, Mérimée et Tourguéniev acceptent les services de traduction du jésuite Golitsyne pour le roman *Fumée*[22]. Ils font appel aussi, en 1861, au jugement de Valentine, arbitre des convenances, pour *Le Juif* dont Mérimée craint que « l'anecdote un peu scabreuse » ne scandalise les honnêtes gens[23]. C'est peut-être pour prévenir les reproches que Tourguéniev le publie d'abord sous le titre *Scène de la vie des camps* dans la *Revue nationale* du 25 mars 1862. Sept ans plus tard, dans les *Nouvelles moscovites*, le récit reprendra son titre original, *Le Juif*.

19 Publication anonyme, Paris, Imprimerie Paul Dupont, 1872.

20 Lettre à Valentine Delessert, 17 novembre 1872, EA[1], t. XII, p. 53.

21 Lettre à Pauline Viardot, 21 novembre 1868, dans Tourguéniev, *Nouvelle correspondance inédite*, introduction et notes par A. Zviguilsky, Paris, Librairie des Cinq Continents, 1971, t. I, p. 171.

22 Voir Alexandre Zviguilsky, « Mérimée dans la correspondance de Tourguéniev », *Cahiers Mérimée*, n° 8 (2016), p. 85-86.

23 Lettre à Tourguéniev, [19 décembre 1861], *C. G.*, t. X, p. 428-429. Voir Alexandre Zviguilsky, « Ivan Tourguéniev et le problème juif », *Annales du CESERE*, n° 1 (2e semestre 1978), p. 81-82.

Au détour d'une phrase, Tourguéniev remercie Mme Delessert d'avoir goûté son *travail* en 1863, c'est-dire sa *traduction* en français de son roman *Pères et Enfants* pour lequel Mérimée avait rédigé une brève préface. Un beau mépris de la dame pour le roman lui-même ! Pourtant, encore une fois, Mérimée avait foi en son discernement : « J'ai dit quelque chose des *Apparitions* à Mme *Delessert* et pour bien référer à son jugement auquel j'ai grande confiance, je me suis mis à vous traduire[24]. » Ce qui, transcrit et transposé par Tourguéniev quinze jours après, donne ceci : « J'ai trouvé en arrivant ici une lettre de Mérimée qui me parle de vous et du dessein qu'il a de vous soumettre la traduction d'une petite fantasmagorie que j'ai commise il y a deux ou trois ans. J'aurais bien voulu me présenter à vous sous une forme un peu plus digne – mais… enfin ! Je compte sur votre bienveillance – et sur votre impartialité pour me dire mes vérités – tout net[25]. » Peut-on être hypocrite à ce point ? Ou thuriféraire ou naïf ? *As you like it.* Il arrive que ces muses de salon se substituent tant et si bien à l'écrivain dont elles sont censées faire la réputation qu'elles en deviennent les égales.

Maurice Parturier citait le vers célèbre des *Bohémiens* de Pouchkine : « Ce qui a été ne sera plus », pour expliquer le silence de Tourguéniev sur Mérimée qu'il ne nomme jamais dans ses lettres à Valentine écrites entre 1871 et 1882. Ne jamais lui rappeler le souvenir d'un ami commun, ne pas lui adresser une lettre de condoléances me paraît très indélicat. Il est vrai que Tourguéniev a été le premier, avant les Français, à signaler le décès de l'écrivain dans un bel article nécrologique, en contradiction apparente avec le mutisme souligné par Parturier :

> Je n'ai pas besoin de dire que les lettres perdent en Mérimée un des plus fins conteurs de qui le talent a mérité l'insigne approbation de Goethe ; mais pour nous, Russes, c'est un devoir de rendre hommage à cet homme qui a nourri un attachement sincère et cordial pour notre peuple, notre langue et nos mœurs ; cet homme qui a positivement vénéré Pouchkine, et qui a profondément et justement compris et prisé la beauté de sa poésie.
>
> […] De Mérimée, Émile Augier a dit fort justement que c'était « *un faux égoïste* », comme il existe de « *faux bonshommes* ». Sous un extérieur d'indifférence et de froideur, il cachait le cœur le plus affectueux ; pour ses amis il a été jusqu'au bout d'un dévouement à toute épreuve. […] Il faut rappeler comment il prit la défense du fameux bibliophile Libri… […]

---

24 2 juin 1865, *C. G.*, t. XII, p. 452.
25 17 juin 1865, EA[1], t. VI, p. 141-142.

> Qui l'a connu n'oubliera jamais le tour spirituel, léger et élégant de sa conversation, à l'ancienne manière française. [...] En littérature il attachait beaucoup de prix au vrai et tendait vers lui, haïssant l'affectation et la phrase, mais il fuyait le réalisme outrancier et réclamait le choix, la mesure et le fini antique de la forme. Cela le faisait tomber dans une certaine sécheresse, dans une étroitesse d'exécution et il le reconnaissait lui-même aux rares instants où il se laissait aller à parler de lui et de ses œuvres. Au cours de nos relations je n'ai pas connu d'homme «*plus impersonnel*», comme on dit en français, plus grand ennemi de la particule : *je*. Je n'ai jamais connu non plus d'homme moins vaniteux : Mérimée était le seul Français à ne pas porter à sa boutonnière la rosette de la Légion d'honneur [...]. Avec les années, s'était développé chez lui un caractère de plus en plus moqueur et sensible, en réalité profondément humain dans sa façon de voir la vie, caractère propre aux esprits sceptiques mais bons, fouillant constamment les mœurs humaines dans leurs faiblesses et dans leurs passions. Il a clairement compris même ce qui ne s'accordait pas avec ses convictions, et en politique aussi il était sceptique... Mais nous laissions toujours cette question de côté parce qu'il était personnellement attaché à la famille de Napoléon et qu'il connaissait mon opinion sur elle[26].

Dans les douze ou treize années qui lui restaient à vivre, Tourguéniev semble avoir évacué de sa conscience et de sa mémoire un homme qui, pourtant, lui avait présenté Valentine, et, avec elle, lui avait procuré l'aubaine de sa vie, une paternité qui enfin pouvait s'exercer. Il oubliait aussi le grand écrivain à qui il devait sa fortune en France. Il faut retourner à la première période de cette correspondance, entre 1861 et 1870, pour trouver de rares mentions de Mérimée. C'est Valentine qui renseigne Tourguéniev sur l'endroit où se trouve Mérimée, le 20 septembre 1863. Ou à l'inverse, Mérimée donne des nouvelles de Valentine à Tourguéniev, le 12 octobre 1869. Le même rôle d'informatrice sera dévolu plus tard à Pauline Viardot pour indiquer à Gustave Flaubert les faits et gestes de Tourguéniev en Russie. Pauline Viardot finira par tomber follement amoureuse de Flaubert, ce qui ne fut pas le cas de Valentine avec Ivan.

Septuagénaire, elle voulut savoir, par curiosité, quels avaient été les premiers émois amoureux de cet homme sans libido qu'elle fréquentait depuis quinze ans et qui était toujours à ses pieds. Elle voulut lire *Premier Amour*. Mais comme les cordonniers sont les moins bien chaussés, Tourguéniev eut beau fouiller dans sa bibliothèque, il ne trouva pas son propre exemplaire de ce livre dont la traduction française datait de 1863

26 Publié en français par Maurice Parturier dans *Une amitié littéraire. Prosper Mérimée et Ivan Tourguéniev*, Paris, Hachette, 1952, p. 54-55.

et qui était épuisé chez Dentu[27]. Il envoya donc à Valentine une traduction italienne qui venait de paraître à Florence en 1876 : *Primo amore*. La correspondance ne contient pas trace des impressions de Valentine.

J'ai longuement parlé de l'intérêt que prit Mérimée au sort de la petite Paulinette, ainsi que du plaisir qu'il eut à lire et traduire la nouvelle fantastique de Tourguéniev après l'avoir encouragé à écrire dans ce genre. Mais ce que je retiens avant tout de ce corpus épistolaire et ce que Tourguéniev a écrit de plus élogieux et de plus chaleureux de son grand ami français figure dans ce fragment d'une lettre du 22 octobre 1865 : « J'ai reçu une bien bonne lettre de Mr Mérimée – je vais lui répondre aujourd'hui même. J'ai beaucoup d'affection pour lui – et je sens qu'il en a un peu pour moi. Je voudrais pouvoir continuer à écrire, ne fût-ce que pour lui donner de la besogne et avoir l'honneur de se voir traduit par lui[28]. »

Je n'ai aucune conclusion à apporter à cette histoire abracadabrante[29].

Alexandre ZVIGUILSKY
Musée Européen Ivan Tourguéniev
(Bougival)

27 *Nouvelles Scènes de la vie russe. Éléna. Un premier amour*, trad. H. Delaveau.

28 EA[1], t. VI, p. 163.

29 *Post scriptum*. Lorsque les secondes épreuves de cette publication avaient déjà été tirées, nous apprîmes qu'à la vente d'Artcurial du 25 mai 2021, « Bibliothèque Gaston Saffroy et à divers », allait être proposé sous le n° 408 le premier roman de Tourguéniev, *Dimitri Roudine* ([trad. Louis Viardot et l'auteur], Paris, Hetzel, [1862]), portant cette dédicace : « À Mme Delessert / hommage / de l'auteur. / Paris, 1862 ».

DÉBATS

OUVERTURE D'UNE DISCUSSION SUR L'ARTICLE DE SOPHIE RABAU,

« "À présent, je n'aime plus rien". *Carmen* : construire le manque », paru dans le nº 12 (2020) des *Cahiers Mérimée*

En ouvrant ici une discussion sur un article paru dans un précédent numéro de notre revue, nous invitons nos lecteurs à y intervenir, et à initier, s'ils le souhaitent, d'autres débats autour de sujets de leur choix. Nous serons heureux de pouvoir publier leurs contributions.

Au seuil de la discussion sur l'article de Sophie Rabau, il convient de rappeler qu'elle est l'auteur de *Carmen, pour changer. Variations sur une nouvelle de Prosper Mérimée* (Toulouse, Anacharsis, 2018 ; compte rendu du livre par Sylvie Thorel dans le nº 11 (2019) des *Cahiers Mérimée*). C'est dans la série de ces variations que s'insèrent l'article dont il est question ici, de même que cet autre, intitulé « Sauver Carmen ? Sur une réplique de don José », paru dans le nº 8 (2016) de notre revue.

La richesse de la discussion reflète celle du texte discuté. Dans cette note liminaire, je voudrais mettre en évidence deux questions autour desquelles de nombreuses observations gravitent et quelquefois s'organisent. L'une se situe dans le domaine de la connaissance : telle approche d'une œuvre littéraire peut-elle être légitime ou illégitime ? quels seraient les critères ou les fondements de sa légitimité ? dans quel ordre de valeurs – moral, idéologique, esthétique, etc. – s'inscrirait la construction d'une légitimité ? L'autre question, d'ordre ontologique, est liée au rapport sans cesse débattu entre fiction et réalité. Je propose de la résumer, telle qu'elle nous préoccupe ici, par une seule question : dans une fiction, la référence à une réalité implique-t-elle ou non la réalité du référent ? quel statut ontologique attribuer à cette rue du Serpent dont Mérimée invoque les détours, alors qu'il est censé savoir qu'elle est une rue droite ?

Bien évidemment, d'autres interrogations sollicitent aussi le lecteur du texte de Mérimée et des études qui en traitent. La discussion est ouverte.

Pour la rédaction,
Antonia FONYI

À PROPOS DE « À PRÉSENT, JE N'AIME PLUS RIEN » DE SOPHIE RABAU

« Si je lis *Carmen* en prenant comme point de référence le récit de Virginie Despentes [...][1]. »

Un lecteur exigeant confronté à un monument littéraire du passé peut se sentir frustré au point de vouloir le rendre encore plus parfait. C'est une expérience assez commune, souvent inconsciente ou informulée, que le hasard de lectures nouvelles peut ranimer inopinément. Sophie Rabau nous en fournit ici un nouveau témoignage. La lecture de Virginie Despentes réveille en elle le souvenir diffus de cette insatisfaction que lui avait inspirée la scène finale de la nouvelle de Mérimée et elle y trouve ce qui lui semble être le moyen de la surmonter. On pourra me reprocher de broder quelque peu, mais ce que j'imagine ici me semble une illustration pertinente de cette tentation que nous avons tous d'appliquer notre réflexion personnelle à un domaine qui ne lui était pas destiné, mais dont tout à coup l'évidence saute aux yeux. La recherche se nourrit de ces éclairs et il ne faut surtout pas s'en priver.

La démarche critique dont s'inspire Sophie Rabau pose pour principe que les deux récits présentent assez de points communs pour que le contenu de l'un (celui de Virginie Despentes) puisse éclairer celui de l'autre (celui de Mérimée). Il y aurait beaucoup à dire sur la légitimité d'une telle démarche, qui pousse très loin les possibilités d'une intertextualité. On croit comprendre que Sophie Rabau découvre, à la lecture de Virginie Despentes, des similitudes troublantes avec certains propos mis dans la bouche de Carmen, qui suggèrent que toutes deux ont subi le même traumatisme, à savoir un viol. Est-ce suffisant pour justifier sur ces prémisses une relecture de la nouvelle de Mérimée ?

Le propos de Sophie Rabau « interpelle » le lecteur, encore plus lorsque celui-ci est un lecteur masculin, car on peut se demander au nom de

1 Sophie Rabau, « À présent, je n'aime plus rien », *Cahiers Mérimée*, n° 12 (2020), p. 13-35.

quelle légitimité ce dernier est en droit de se prononcer sur un sujet pour lequel il est facile de lui dénier toute compétence, dans l'incapacité où il est de se mettre à la place de la victime d'un pareil forfait. Mais le personnage de Carmen, en tant que créature littéraire, ne renvoie pas seulement à une expérience vécue exclusivement réservée à des femmes : elle porte en elle des éléments qui relèvent d'une interprétation masculine du comportement féminin dans un contexte précis, celui dans lequel vivait l'auteur de la nouvelle, toutes choses qu'un lecteur mâle est à même de concevoir et de commenter.

Il lui est loisible de considérer que le personnage féminin ainsi conçu se trouve circonscrit dans un cercle précisément défini, sous l'influence d'une tradition littéraire et de pratiques sociales contraignantes, et que toute tentative pour renouveler la lecture d'un texte et, par voie de conséquence, pour révéler des aspects insoupçonnés d'un personnage, est la bienvenue ; à condition, cependant, qu'on ne fasse pas un faux procès à son auteur, en lui reprochant d'avoir occulté ce qui, plus d'un siècle plus tard, sous l'effet de transformations socioculturelles récentes, est devenu une clef de lecture possible.

LA THÉORIE DES MANQUES

La notion de complétude peut-elle être appliquée à la littérature ? À la poésie, le domaine par excellence de l'ellipse, certainement pas. À la prose, sans doute, mais dans certaines limites. Je n'aurais pas la prétention de m'attaquer à une théorie dont la justesse ne me saute pas aux yeux mais à l'égard de laquelle j'avoue mon incompétence. Cependant, un lecteur assidu n'ignore pas ce qu'il attend d'un texte, ni l'insatisfaction qu'il éprouve lorsqu'il lui semble que le sujet est imparfaitement traité. Pour s'en tenir au domaine de la littérature de fiction, nous avons tous ressenti comme des manques parfois insupportables des lacunes ou des invraisemblances du récit. Cette prise de conscience ne conduit pas nécessairement à vouloir combler les manques ; il arrive plus souvent qu'on abandonne la lecture ou qu'on la déconseille. Dans d'autres cas, les blancs, bien que ressentis par lecteur, n'enlèvent rien à son plaisir, sans doute parce que la notion de *texte complet* lui est étrangère[2].

S'il est cependant une qualité qu'un lecteur appréciera dans un texte donné, pour peu qu'il accorde de l'importance à un traitement rationnel des propos et des comportements, c'est sa cohérence ou, pour mieux dire, le refus de toute incohérence, de fond ou de détail. Dans cette catégorie n'entrent pas des phénomènes tels que le quiproquo ou la coïncidence inattendue, qui sont deux ressorts majeurs du plaisir littéraire, ce qui tend à prouver que la notion d'incohérence doit être réservée à des situations bien moins nombreuses qu'il y paraît. Même le caractère décousu de certains textes ne leur porte pas tort. L'important est que le rapport de *connivence* entre l'auteur et son lecteur, concept qui a tant fait couler d'encre il y a un demi-siècle, ne soit pas interrompu.

LES « DÉFAUTS » DE LA NOUVELLE

Dans sa nouvelle, Mérimée semble s'être donné un malin plaisir à cumuler tous les défauts signalés plus haut. Le caractère décousu du récit saute aux yeux, encore plus si l'on accepte d'y intégrer la quatrième partie. Les coïncidences heureuses ou malheureuses ne manquent pas et l'auteur ne se donne pas trop de mal pour les rendre vraisemblables. Les sauts chronologiques et géographiques ne favorisent pas la compréhension. On pourrait augmenter la liste. Faut-il y voir une forme de désinvolture de la part de l'auteur ? On risque de se perdre en conjectures si on recherche les causes de ces manquements à la bonne tenue du récit. Il est beaucoup plus intéressant d'en mesurer les effets sur la réception de ce dernier par ses lecteurs, à commencer par ceux qui étaient ses contemporains.

On admettra que la très grande majorité d'entre eux, qui n'avaient jamais mis les pieds en Espagne, ne devaient pas se formaliser si certains détails leur échappaient. Du reste, Mérimée prend les devants dès le début de la nouvelle, avec son évocation du site de Munda et la profusion de détails qu'il fournit sur son emplacement supposé, qui n'a

2 Ceci s'applique aussi à d'autres arts, dont le cinéma, comme un visionnement récent des *Fantômes de la liberté* de Luis Buñuel vient de me le rappeler.

apparemment d'autre objet que de décourager toute excessive curiosité de la part de ses lecteurs, puisqu'il se pose en un parfait connaisseur de cette géographie, comme seul peut l'être un archéologue familier du terrain qu'il prospecte. Qui oserait lui demander de rendre des comptes sur tel point du récit qu'il aurait négligé de situer précisément ? De même, comment ne pas s'accommoder des blancs qui séparent chaque séquence, sachant que les Gitans ne cessent de se déplacer et que le propre des nomades est de disparaître aussi vite qu'ils sont apparus. Quant à rechercher une logique dans leur comportement à l'égard des *payllos*, ce serait non seulement une absurdité mais aussi une faute de goût, dans la mesure où l'intérêt qu'ils éveillent repose surtout sur cette instabilité et cette distance assumée à l'égard des coutumes de la société non-gitane.

Mérimée peut donc compter dès le début sur l'indulgence de ses lecteurs et il faut avoir de très bonnes raisons pour l'attaquer sur tel ou tel point qu'il aurait laissé dans le flou et qui rendrait son propos incompréhensible. Ce pas, Sophie Rabau nous invite à le franchir, ce qui est son droit et même son mérite, mais du moins doit-elle admettre qu'on s'assure que cette mise en cause est fondée.

LE VIOL DE CARMEN

Ainsi donc, le viol supposé de Carmen s'imposerait comme une grille de lecture à laquelle il convient de soumettre son comportement final et la formule qui semble l'expliquer : « à présent, je n'aime plus rien ». Commenter une telle pratique est risqué mais essayons malgré tout de resituer le personnage féminin que Mérimée a dépeint sous les traits de Carmen, à partir de l'idée qu'il se faisait du milieu dans lequel l'éventuelle inspiratrice de ce personnage a grandi. La jeune fille appartient, comme je le rappelle plus haut, à une tribu de Gitans, c'est-à-dire à un milieu social refermé sur lui-même, qui refuse de soumettre aux lois du pays tout en bénéficiant d'une certaine mansuétude de la part des autorités. Imaginons la vie sexuelle qui fut la sienne dans la période qui précède celle où nous faisons sa connaissance. Dès son plus jeune âge, elle a été destinée à un mâle de la tribu, et, dès qu'elle a atteint la puberté, on la marie. Le moins que l'on puisse dire est que son consentement n'est pas requis. Son *rom*, Garcia *Le Borgne*, c'est ainsi qu'elle le désigne, pouvait-il être à son goût ? On peut en douter. Son initiation se fait donc sous le signe de la contrainte. Pour un lecteur d'aujourd'hui, il ne fait aucun doute qu'il s'agit d'un viol, le fait qu'il soit conjugal n'enlève rien à son horreur et nul ne songe à dénier le traumatisme qui a dû en résulter pour la jeune fille.

Un tel commencement ne peut manquer, en effet, d'avoir des conséquences sur la victime. C'est dans cette optique que l'on pourrait interpréter le comportement amoureux que lui prête Mérimée. C'est une jeune femme libre, qui s'adonne à la prostitution ou se choisit des partenaires à son goût, bref, qui ne s'est fixé aucune règle de conduite : soit elle se soumet à des contraintes (manque d'argent, besoin de soudoyer des personnes pour favoriser les trafics de sa tribu, etc.), soit elle suit son caprice. Carmen ne choisit pas toujours mais elle peut le faire lorsque les circonstances s'y prêtent. Encore faut-il nuancer car, si elle séduit don José, c'est par nécessité, pour éviter la prison, même si cette rencontre forcée a des prolongements qui laissent supposer un sentiment partagé, du moins pour un temps. Quant à sa liaison avec Lucas, elle ne semble pas inspirée seulement par le sentiment amoureux ou le plaisir de se montrer en bel équipage et en joyeuse compagnie ; Carmen y voit aussi la possibilité d'enrôler dans sa bande « un bon cavalier et un gaillard de cœur ».

Devant un tel tableau de la sexualité supposée de Carmen, la notion même de viol doit être réanalysée. Une telle violence est-elle envisageable ? Certainement, ou, pour être plus précis, elle n'est pas à exclure. Le viol initial, même s'il a pu durablement affecter la jeune Gitane, ne peut être envisagé comme une cause immédiate du dénouement. Entre temps, la vie sexuelle de Carmen a été intense et non dépourvue parfois de sentiments, ce qui prouverait que le traumatisme premier ne l'a pas affectée aussi radicalement qu'on aurait pu le craindre. Il faudrait donc replacer l'événement, s'il a eu lieu, à une période plus tardive, très vraisemblablement ultérieure aux moments où elle a vécu en relative harmonie avec don José. Faut-il penser, comme Sophie Rabau, que l'auteur du crime est don José ? On trouverait sans doute odieux d'introduire une nuance entre une relation non consentie entre deux anciens amants et un viol véritable. Quelle que soit l'interprétation qu'on en fasse, on ne peut minimiser qu'il s'agit d'un crime. Cela admis, on peut concevoir que c'est la perspective de mener une vie conjugale avec un homme qu'elle n'aime pas et aux caprices sexuels duquel elle devra désormais céder qui pousserait Carmen à ce comportement désespéré. Cette hypothèse est-elle plausible ? On doit accepter l'idée que les rapports entre don José et de Carmen ont radicalement changé au cours du temps. Les sentiments de Carmen pour le Navarrais, dont on ne peut nier qu'ils purent être sincères quelque temps, ont un jour laissé place à de l'indifférence et, au moment du dénouement, à une haine déclarée. Les sentiments de don José, quant à eux, semblent être restés les mêmes. Il est passionnément attaché à Carmen, souffre que cela ne soit pas réciproque et n'envisage pas d'autre issue que la reprise de leurs relations.

POURQUOI CARMEN SE HAÏRAIT-ELLE D'AVOIR AIMÉ DON JOSÉ ?

Faut-il nécessairement imaginer qu'un événement soit survenu pour obliger Carmen à reconsidérer sa relation avec don José, voire avec tous les hommes en général, puisque le refroidissement de ses sentiments semble concerner aussi Lucas, le picador ? Ne serait-ce pas plutôt sa nature profonde qui reprend le dessus ?

Dans leur relation, Carmen est la séductrice et don José l'objet de la séduction. Elle ne le sollicite jamais, mais lui impose son bon vouloir. Elle s'offre, sur le chemin de la prison puis dans la taverne, mais aussi se refuse, lorsqu'elle disparaît sans crier gare, choisit d'autres amants ou menace de revenir à son mari. Elle ne s'est pas donnée une fois pour toutes. En revanche, don José est perpétuellement en situation de soupirant, voire de quémandeur. Il existe une dissymétrie constante dans la situation des deux amants. L'initiative revient toujours à Carmen ; don José ne fait que subir. S'il se révolte parfois, c'est parce qu'il ne supporte pas cette soumission au caprice ou au bon vouloir de sa maîtresse.

Sa virilité en souffre, mais, sur ce chapitre, on relèvera bien des indices qui démontrent qu'elle est défaillante, du moins selon les critères de la femme gitane : plaisanterie sur les épinglettes ; la fleur jetée au visage et l'aveu d'un amour passionné ; lorsqu'il accepte de renoncer à son état militaire et à une promotion espérée pour suivre la tribu gitane dans laquelle il ne sera jamais qu'un élément étranger et un personnage subalterne ;

l'humiliation subie devant les foucades amoureuses de Carmen. Cette virilité n'est pas absente du personnage, puisqu'il l'a déjà manifestée dans le duel qu'il a eu avec « un gars de l'Alava ». Mais il ne l'exerce que contre des hommes, en cédant à des bouffées de violence. Dès lors, celles-ci pourraient s'apparenter à une compensation de ses déboires amoureux.

Par opposition, Carmen n'a d'obligations qu'à l'égard de sa tribu. C'est la seule influence à laquelle elle soit soumise et elle la subit sans pouvoir s'y opposer. Elle ne peut déroger au statut qu'elle y occupe comme le démontrent certains faits : fidélité au moins formelle à son mari ; son engagement personnel dans toutes sortes d'activités menées au profit exclusif de sa communauté (spectacles privés, contrebande, pratique du vol à la tire auquel elle s'adonne sans scrupules, comme le narrateur a eu l'occasion de le vérifier ; etc.). En outre, elle partage les préjugés et les croyances des Gitans et se montre d'un total cynisme dès l'instant qu'il s'agit d'abuser un *payllo*.

Ces circonstances ne favorisent pas, bien au contraire, une relation amoureuse sincère avec un non-Gitan. Il n'y a pas lieu de douter de la sincérité des sentiments de don José, d'autant qu'il ne s'en cache pas même devant un étranger. En revanche, comment le lecteur pourrait-il croire un seul instant à la sincérité de ceux de Carmen ? À ses yeux, don José ne sera jamais qu'un amant occasionnel, qu'elle ménage assez pour lui permettre de la côtoyer dans la vie de la tribu mais pas au point de lui laisser le moindre empire sur sa personne.

> Sais-tu, mon fils que je crois que je t'aime un peu ? Mais cela ne peut durer. Chien et loup ne font pas longtemps bon ménage. Peut-être que, si tu prenais la loi d'Égypte, j'aimerais à devenir ta romi. Mais ce sont des bêtises : cela ne se peut pas. (P. 58)
>
> Es-tu mon rom, pour me commander ? [...] Ne devrais-tu pas être bien content d'être le seul qui se puisse dire mon *minchorrò** ? [Note de Mérimée : *Mon amant, ou plutôt mon caprice.] (P. 78.)
>
> Je ne suis Égyptien que par hasard ; et pour certaines choses, je serai toujours franc Navarrais, comme dit le proverbe*. [Note de Mérimée : **Navarro fino*.] (P. 81.)

Du reste, le récit montre bien que don José n'est qu'un faux Gitan, comme il l'admet lui-même. Il est toléré par la tribu pour son expérience militaire et pour son courage, mais ne peut espérer être admis de plein droit dans la communauté.

UNE MORT ANNONCÉE

La frustration que ressent Sophie Rabau devant le dénouement de la nouvelle prétend s'appuyer sur des faits de récit qui lui semblent indéniables, dont le principal est le changement radical de comportement de la part de Carmen. Il y aurait beaucoup à dire sur ce point. Il est vrai que, depuis la mort de Garcia le Borgne, elle montre un réel dévouement à l'égard de don José, au point de venir le soigner pendant quinze jours de sa grave blessure, à ses risques et périls. Mais est-ce vraiment par amour ? C'est plutôt parce qu'elle estime avoir des devoirs qu'elle a à l'égard de son *rom* :

> Sais-tu, me dit-elle, que depuis que tu es mon rom pour tout de bon, je t'aime moins que lorsque tu étais mon *minchorrò* ? Je ne veux pas être tourmentée, ni surtout commandée. Ce que je veux, c'est être libre et faire ce qui me plaît. (P. 85.)

Cette constatation conduit Sophie Rabau à des conclusions discutables, dès l'instant où elle refuse d'admettre que, contrairement aux apparences, la cohérence supposée du personnage est préservée. Selon elle, pour ne pas frustrer le lecteur, Carmen aurait dû rester telle qu'en elle-même jusqu'au bout, ce qui n'est pas possible puisque « Mérimée a besoin que Carmen meure ». On ne fera pas l'injure à Mérimée de penser qu'il n'avait pas conçu cette fin tragique dès le début de la composition de la nouvelle, qu'il ne l'a imaginée que pour rendre vraisemblable la reddition de don José aux forces de l'ordre. Bien au contraire, il a semé tout au long de sa nouvelle des indices sur cette fin programmée :

> C'est que son temps était venu. Le tien viendra. – Et le tien, répondis-je si tu n'es pas pou moi une vraie *romi*. – À la bonne heure, dit-elle, ; j'ai vu plus d'une fois dans le marc du café que nous devions finir ensemble. (P. 83-84.)

> J'ai toujours pensé que tu me tuerais. La première fois que je t'ai vu, je venais de rencontrer un prêtre à la porte de ma maison. Et, cette nuit, en sortant de Cordoue, n'as-tu rien vu ? Un lièvre a traversé le chemin entre les pieds de ton cheval. C'est écrit. (P. 90.)

Carmen croit à un destin tracé d'avance, superstition qu'on a, de tout temps, prêtée aux Bohémiens. C'est un trait que les librettistes de l'opéra de Bizet ont su exploiter. En renvoyant à un préjugé commun, qui est aussi un *topos* littéraire, Mérimée se dispense d'avoir à fournir toute autre explication. Elle peut nous paraître invraisemblable mais elle est conforme à l'idée que l'on se faisait des Bohémiens et, par conséquent, constituait un ressort narratif tout à fait acceptable.

La « théorie des manques » ne semble donc pas s'appliquer au dénouement de la nouvelle. Celui-ci est annoncé. De plus, si on veut rechercher un supplément de justification dans la psychologie du personnage de Carmen, il suffit de réfléchir à l'absurdité que représente pour elle l'idée d'émigrer en Amérique, que don José lui propose comme ultime possibilité. Il faut être un *payllo* aux abois pour offrir comme toute perspective d'avenir à une « Égyptienne » de quitter sa tribu et le territoire dans lequel elle excelle à exercer ses talents.

CONCLUSION

Sophie Rabau ne partage pas, de toute évidence, cette interprétation. Elle ne voit d'autre issue à sa frustration de lectrice que d'imaginer un événement qui serait la cause médiate de ce changement et dont Mérimée aurait omis de nous informer, soit consciemment, ce qui serait peu compréhensible, soit parce que l'idée même d'un viol possible était impensable et informulable pour un écrivain de son temps.

Il convient de se demander s'il n'y a pas une contradiction entre, d'une part, la volonté de ne pas « établir la bonne ou la vraie version du récit de Mérimée », et celle « d'en donner une lecture et une réécriture critique qui livre du "Je n'aime plus rien" de Carmen une explication possible ». C'est, à la fois, vouloir se libérer du récit et le faire parler. Peut-on à la fois revendiquer le texte pour en faire l'exégèse et lui substituer « la mémoire et les références de sa lectrice ». Le lecteur qui se satisfait de ce que Mérimée lui propose n'est pas pour autant sourd et aveugle. Lui aussi projette dans sa lecture des éléments personnels d'interprétation tirés de sa propre expérience : de vie, livresque, artistique, etc. Cependant, Sophie Rabau va plus loin, dans la mesure où elle invite à pointer du doigt des manquements dont l'auteur se serait rendu responsable et à vouloir les amender. Ce que l'auteur aurait dû écrire, voilà ce que l'on prétend révéler. Ce faisant, on omet sciemment ce qui, dans ce que nous connaissons du contexte culturel dans lequel l'œuvre a été composée, pourrait nous aider à en approfondir le sens et à enrichir la réception que nous en faisons.

On néglige aussi certains éléments d'analyse qui pourraient expliciter le texte sans avoir à recourir à des critères extérieurs à celui-ci. Ainsi du traitement résolument dramatique du dénouement de la nouvelle. Le dialogue s'est substitué au récit, les sentiments y sont exacerbés, enfin, la séquence s'achève sur un geste éminemment théâtral, celui de Carmen jetant sa bague dans les buissons. Le souci premier de Mérimée n'est pas ici la vraisemblance mais la volonté de toucher son lecteur comme on touche un spectateur devant une scène, et il répond à une recherche d'effets.

Enfin, la dimension du personnage de Carmen se perd en grande partie lorsqu'on cesse de la voir comme une émanation exclusive de la féminité en rapprochant son sort de toutes les victimes sans distinction de genre (« celle ou celui qui est violé·e », p. 33). S'il est permis d'éprouver de solides réserves à l'égard du concept d'éternel féminin, il n'en reste pas moins que Mérimée ne les partageait guère et que les générations de lecteurs qui ont fait de Carmen un mythe s'appuient sur une interprétation de cette nature. On voit bien ce que l'hypothèse de Sophie Rabau a de positif dans l'analyse de la nouvelle mais on mesure aussi tout ce qu'elle fait perdre à son héroïne.

Revendiquer la liberté du lecteur dans l'interprétation d'une œuvre littéraire est légitime, mais s'inspirer d'un débat d'actualité pour le faire relève plutôt d'un acte militant. La satisfaction que procure la possibilité d'élargir au domaine de la littérature le champ d'implication de son engagement dans une cause, pour respectable qu'elle soit, ne dispense pas ce lecteur de s'interroger sur sa pertinence, car la critique littéraire s'engage dès lors dans la voie risquée du jugement éthique, dont on sait qu'il peut produire des ravages.

Michel GARCIA
Université Paris 3 –
Sorbonne nouvelle

POUR UNE LECTURE NON-RÉALISTE DE *CARMEN*[1]

Sans doute, chaque individu a son interprétation personnelle et ses présupposés au sujet d'une œuvre littéraire intéressante, et Antonia Fonyi et Sophie Rabau soulignent dans la note qui précède leurs deux articles portant le même titre, la différence radicale de leurs deux approches qui cherchent, chacune à sa manière, à expliquer une lacune « essentielle » dans la diégèse de *Carmen*[2]. Et l'on peut penser, à l'encontre de l'avis émis par Marcel Garcia à la fin de sa note de lecture, que trancher entre celles qui sont légitimes et celles qui ne le sont pas est toujours problématique : s'inspirer de l'actualité est souvent un procédé qui présente de l'intérêt, surtout pour un ouvrage destiné à la scène, même si c'est une version anachronique : on pense aux transpositions opérées par Jonathan Miller en 1982 (*Rigoletto* dans un New York mafieux des années 1950) ou Tony Harrison en 1973 (*Le Misanthrope* dans un salon parisien sous la Cinquième République), sans citer les nombreuses adaptations de *Carmen*[3]. Le « secret » d'Octave de Malivert, dans *Armance*, serait-il l'impuissance (ou cette impuissance serait-elle plutôt symbolique ?), ou l'homosexualité, ou bien… ? Tout ce qu'on peut exiger pour légitimer une lecture, c'est l'exposition des présupposés du lecteur ou de la lectrice, une certaine cohérence, et une vision nouvelle ou enrichissante de l'ouvrage en question.

Or, en arguant qu'« un lecteur assidu n'ignore pas ce qu'il attend d'un texte », Michel Garcia suppose dans *Carmen* un certain réalisme, dans un sens large celui des romans du XIXe siècle, disons un réalisme

1 Cette note est une contribution un peu schématique, écrite dans les conditions du confinement actuel, à la discussion lancée dans les pages qui précèdent par Michel Garcia.

2 « "À présent, je n'aime plus rien" », *Cahiers Mérimée*, n° 12 (2020), respectivement p. 37-55 et 13-35. Les références dans le texte renvoient à ces deux articles ; le texte de Mérimée est cité d'après *Romans et Nouvelles*, éd. Maurice Parturier, Paris, Garnier, « Classiques Garnier », 1967, t. II.

3 Voir Thierry Santurenne, « Mettre en scène *Carmen* : de quelques infidélités fécondes », *Cahiers Mérimée*, n° 12 (2020), p. 101-127.

« balzacien » qui repose sur une cohérence géographique, temporelle, psychologique. S'il admet que Mérimée ne respecte pas la cohérence géographique (et il est vrai que les noms des lieux semblent choisis pour leur puissance évocatrice plutôt que pour la vraisemblance des configurations qu'ils désignent[4]) ni ne cherche à construire une séquence d'événements qui puisse s'ancrer dans le temps (elle reste floue, les coïncidences abondent), il présume que le lecteur désire, tout comme celui de Sophie Rabau, une « cohérence », « un traitement rationnel des propos et des comportements », qu'on pourrait appeler une cohérence psychologique. Et il cherche à compléter le peu que nous savons de Carmen et à « restituer le personnage féminin que Mérimée a dépeint sous les traits de Carmen » en esquissant « l'idée [que Mérimée] se faisait du milieu dans laquelle l'éventuelle inspiratrice de ce personnage a grandi » et « la sexualité supposée » qu'un tel milieu pouvait impliquer.

Il est vrai que Sophie Rabau demande une certaine cohérence psychologique (« Mérimée narre une histoire imparfaitement motivée dont l'hypothèse du viol peut rendre compte », p. 14), tout en admettant que tout texte littéraire est par nature « incomplet et fragmentaire » (p. 15), et que Mérimée n'est pas adepte d'un réalisme fondé sur la description des personnages, des vêtements, des lieux, mais qu'il campe plutôt un décor conforme aux attentes des lecteurs parisiens. Reste, donc, essentielle la motivation dont Sophie Rabau explore avec finesse les contradictions chez Carmen (analyse qui est basée sur le déroulement des événements, sur la psychologie de l'individu, sur la doxa sur les Bohémiens), avant de détailler celles, plus marquées, qui ressortent des détails du récit (très rapide) de sa mort.

De telles analyses font peut-être oublier un peu trop rapidement que la visée de Mérimée, du moins à l'époque où il écrit *Carmen*, n'est pas précisément de « toucher son lecteur » (Michel Garcia), mais bien plus de l'amuser, et que la nouvelle est, comme le dit Jean Balsamo[5], un « divertissement lettré » écrit en marge de ses travaux sur don Pèdre,

4 Sur cet aspect, voir Rosemary Peters-Hill, « Carmentopographie. Pour une *map* Mérimée », *Cahiers Mérimée*, n° 11 (2019), p. 165-175 (notamment p. 171-172). On peut noter aussi que dans la réalité la rue du Serpent (ou des Serpents : *calle de las Sierpes*) est étroite, mais n'est pas sinueuse comme don José le dit (elle « mérite son nom par les détours qu'elle fait », p. 370).

5 « Érudition et création littéraire. *Colomba* et *Carmen*, divertissements lettrés », *Cahiers Mérimée*, n° 5 (2013), p. 93-119.

qui, selon Xavier Bourdenet, suscitent le récit[6], et qu'elle a été inspirée, selon Mérimée lui-même, par l'histoire d'« un Jaque de Málaga qui avait tué sa maîtresse », que Mme de Montijo lui avait racontée en 1830, et dont il n'aurait fait l'héroïne bohémienne qu'à cause de ses recherches « depuis quelque temps » sur les Bohémiens[7]. Elle serait, comme le dit Jean Balsamo, un « prolongement ludique de ces travaux d'ethnologie appuyés sur la linguistique[8] ». Ses connaissances sur l'Espagne lui fournissent de quoi esquisser un décor espagnol apte à satisfaire l'attente des lecteurs à l'époque d'une deuxième vague d'espagnolisme (lui-même avait contribué à la première), un décor pittoresque, mais dont les détails sont intégrés à la dynamique du récit. Les punaises de la venta (« un voyage d'Espagne ne serait pas complet sans cela », disait Gautier[9]) forcent le narrateur à sortir de la salle pour dormir, et c'est ainsi qu'il aperçoit son guide qui part pour alerter les lanciers à la recherche de don José. Le lecteur attend des castagnettes, Carmen en fabrique en cassant une assiette et les fait claquer dans une danse qui révèle sa joie de vivre et sa spontanéité. Elle a aussi une mantille, autre accessoire espagnol obligé, qu'elle exploite comme moyen de séduction ; pourtant George Borrow, une des sources de Mérimée, note que les Bohémiennes n'en portent jamais[10].

Les analyses de Sophie Rabau et de Michel Garcia négligent aussi l'importance des deux narrateurs qui compliquent la lecture de cette nouvelle[11]. Sauf dans le cas de *L'Enlèvement de la redoute* peut-être, il faut toujours se méfier des narrateurs homodiégétiques de Mérimée : ils connaissent le mot de l'énigme – la tricherie au jeu, cause de la mort du héros de *La Partie de Trictrac*, le fait que le héros et le narrateur du *Viccolo* sont demi-frères, cause d'une série de quiproquos –, mais cachent leur

6 « L'histoire suscite la fiction » (Xavier Bourdenet, « Mérimée, la fiction dans les marges de l'histoire. *Carmen* et *Don Pèdre* », *Cahiers Mérimée* nº 11 (2019), p. 16) ; celle-ci est « une digression au cœur de recherches érudites » (p. 19).

7 Lettre à Mme de Montijo, 16 mai 1845, *Correspondance générale* [*C. G.* par la suite], établie et annotée par Maurice Parturier avec la collaboration de Pierre Josserand et Jean Mallion pour les t. I-VI, Paris, Le Divan, 1941-1947, t. VII-XVII, Toulouse, Privat, 1953-1964, t. IV, p. 294.

8 Art. cité, p. 96.

9 *Voyage en Espagne*, éd. Patrick Berthier, Paris, Gallimard, « Folio », 1981, p. 213-214.

10 Prosper Mérimée, *Nouvelles*, éd. Michel Crouzet, Paris, Imprimerie nationale, 1987, t. II, p. 344, n. 6 ; George Borrow, *The Zincali*, Londres, Constable, 1923, p. 259.

11 Je me permets de renvoyer à ce que j'ai écrit sur ce sujet dans « The Narrators of Mérimée's *Carmen* », *Nottingham French Studies*, vol. XXVII, 1988, p. 1-12.

savoir pour préserver le suspense. Ces jeux entre *erzählendes Ich* et *erzähltes Ich*, Je narrant et Je narré, ont été souvent analysés. Dans *Carmen* il y a deux narrateurs dont le discours est sujet à caution. Le jeune historien, naïf, tiraillé entre sa tâche de savant et les tentations exotiques offertes par l'Espagne (fascination des brigands, de la sexualité, de la magie – ces deux dernières résumées pour lui dans Carmen) qui risquent de lui coûter sa montre (mais il la récupère) et sa vie (mais il a la chance de tomber sur un brigand peu ordinaire), et don José, tiraillé, comme l'a noté Antonia Fonyi qui souligne sa « double nature » (p. 43-44), entre le désir de stabilité sociale (village et mère, carrière militaire, mariage, nouvelle vie dans l'Amérique – Mérimée a lu *Manon Lescaut*, comme Sainte-Beuve le note) et une violence de tempérament soutenue par son orgueil de Basque, et qu'il ne peut ni maîtriser ni s'avouer, cherchant toujours à rejeter sur autrui la responsabilité des événements : « Quand nous jouons à la paume, nous autres Navarrais, nous oublions tout », autrement dit la violence est un trait national (p. 366), le lieutenant qu'il a tué « s'enferra » (p. 382), c'est Carmen qui l'a rendu assassin (p. 401), « Ce sont les *Calé* qui sont responsables » (p. 402). Comme le dit Michel Garcia, on ne doute pas de la « sincérité » de ses sentiments ; mais on doute de sa connaissance de soi-même (Sophie Rabau note aussi cette incompréhension, en parlant du viol supposé, p. 28). Pour une part importante, sa narration est un plaidoyer *pro domo*, déterminé par ses intérêts.

Si l'on peut construire la cohérence psychologique de ces deux personnages, il n'en va pas de même pour Carmen, toujours vue par les yeux des autres, par des regards qui sont autant de variantes du « male gaze », et qui ne s'accordent que dans l'incompréhension de leur objet – qu'il suffise de rappeler la vue réductrice de Garcia, qui, selon le Dancaïre, « l'aurait vendue pour une piastre » (p. 394). Sophie Rabau trouve un manque, un blanc, dans la motivation et dans le comportement de Carmen à un moment décisif du récit de José. On a souvent évoqué les ellipses qui caractérisent les nouvelles de Mérimée : ces trous ou absences, par lesquels l'auteur cherche à nous taquiner (Michel Garcia parle à juste titre du « malin plaisir » que semble montrer l'auteur à tromper notre désir de cohérence par le décousu du récit). À la fin de la *Chronique du règne de Charles IX*, l'auteur nous laisse imaginer les destins futurs de Bernard et de Diane ; mais ce n'est là qu'une pirouette, parce que l'intérêt du roman s'évanouit avec la mort de George de Mergy. Quelquefois ces trous sont bouchés : dans *La Partie de Trictrac* on finit par découvrir que Roger a triché et comment il l'a fait. On devine la solution dans le *Viccolo* où, en relisant la nouvelle, on reconnaît les indices posés dès le début. Mais certaines nouvelles sont construites pour rester sans solution, selon des critères ontologiques réalistes comme *La Vénus d'Ille*, ou pour des raisons biologiques fantaisistes (*Lokis*).

On pourrait soutenir que le personnage de Carmen est *construit* de la même façon, c'est-à-dire qu'elle serait déterminée par les perspectives contradictoires des hommes qui la regardent, et ces perspectives seraient alors les équivalents des explications contradictoires mais insuffisantes proposées dans *La Vénus d'Ille* et dans *Lokis*. Elle est en même temps une Gitane qui obéit, selon la doxa, aux lois des Gitans, mais cela ne l'empêche pas de rester indéfinissable : sa déclaration d'obéissance, « tu es mon rom, tu as le droit de tuer ta romi », est suivie immédiatement par la phrase : « mais Carmen sera toujours libre » (p. 401). C'est un peu cette lacune logique, cet aspect indéfinissable qu'on pourrait rapprocher du mystère de l'*archè* dont parle Antonia Fonyi, dont Carmen serait « l'émissaire » (p. 55), ou encore du personnage évoqué par Jean Balsamo : « Carmen, en tant que Gitane, est en fait une chimère, un être de fiction, né de l'imagination de Mérimée, qui n'avait rien des Gitanes réelles[12]. »

Quand Sophie Rabau, ayant comblé la lacune dans le récit de José, cherche le point où on pourrait insérer le viol, elle suppose une continuité que dément le caractère désinvolte (pour emprunter le terme de Michel Garcia) de la narration chez Mérimée. Cette désinvolture se trouve également chez ses narrateurs hétérodiégétiques, qui interviennent souvent (à la manière de Byron dans *Don Juan*) pour introduire des transitions abruptes[13]. Les transitions rapides marquent également le récit de José : on n'est pas loin du *jump-cut* godardien d'*À bout de souffle* ou de *Pierrot le fou*. Chez Lillas Pastia, Carmen dit à José : « "Allons, pays, allons nous promener." / Elle mit sa mantille devant son nez, et nous voilà dans la rue, sans savoir où j'allais. » (P. 376.) Sophie Rabau note les transitions

12 Art. cité, p. 115.

13 « Vous me rappelez à mon récit » (*Arsène Guillot*, t. II, p. 323) ; « Cher lecteur, nous suivrons, s'il vous plaît, Mme de Chaverny » (*La Double Méprise*, t. I, p. 494). *Cf.* Byron : « *So much for Julia ; now we'll turn to Juan* » (*Don Juan*, I, lxxxvi ; « Assez pour Julia. Revenons maintenant à Juan »). Nous traduisons.

rapides dans les événements des dernières pages du récit de José : essayer de rétablir une séquence logique et complète me semble contredire cette rapidité qui contribue à l'effet d'inévitabilité. De même – et cette dernière remarque n'est qu'une supposition – Sophie Rabau cherche à fournir une raison du silence de José au sujet du viol supposé, et la trouve (je simplifie un peu) dans son incompréhension (p. 33-34), ce qui n'est pas impossible. Mais Mérimée suggère sans difficulté la tendance à la violence de José, son incapacité de la maîtriser ou de l'avouer. Si, étant donné son tempérament, un viol n'était pas impossible, l'auteur n'aurait-il pas trouvé un moyen de le faire soupçonner par le lecteur – ou la lectrice ? Pour moi, le personnage de Carmen restera toujours indéfinissable ; ce ne sont que le narrateur, José, et les personnages mineurs, qui présentent une apparence de réalité.

Peter COGMAN
University of Southampton

DOCUMENT

VASILE ALECSANDRI, « PROSPER MÉRIMÉE »

PRÉSENTATION

L'article nécrologique « Prosper Mérimée » de Vasile Alecsandri, l'un des plus grands poètes roumains du XIXe siècle et homme politique qui a marqué l'histoire de son pays, est ignoré par les bibliographes de la critique sur Mérimée. La raison principale de cette ignorance est évidente : au XXIe siècle encore, pour les lecteurs français, anglo-saxons, germaniques, italiens, espagnols, les textes écrits dans d'autres langues que les leurs restent lettres mortes.

La nécrologie a paru dans *Convorbiri literare* (Conversations littéraires), une des grandes revues qui ouvrent l'ère de la littérature roumaine moderne, le 15 janvier 1871[1]. Cette date tardive – Mérimée est mort le 23 septembre 1870, à Cannes – n'a rien d'étonnant : à cause de la forte perturbation des moyens de communication pendant la guerre, en France même c'est avec un long retard que le décès de Mérimée sera connu ; à l'Institut, elle ne sera confirmée que le 17 février 1871.

Nous publions l'article dans la traduction de Simona Gîrleanu. À l'époque où il est écrit, la langue roumaine n'est pas encore fixée, le processus de sa maturation qui dure depuis des siècles est loin d'être achevé, aussi le roumain d'Alecsandri diffère-t-il sensiblement de celui de nos jours[2]. Par là s'explique la publication de plusieurs versions modernisées de ce texte au XXe siècle, dont la plus connue est celle qu'a donnée Georgeta Rădulescu-Dulgheru en 1984[3]. La traduction de Simona

1 Iaşi, année IV, n° 22, p. 362-365.

2 Depuis les XIVe-XVe siècles jusque dans les années 1860, le roumain est écrit avec un alphabet cyrillique et le passage vers l'alphabet latin s'étale ensuite sur plusieurs décennies. Ce tournant historique pour la langue roumaine précède donc de peu la parution de l'article d'Alecsandri.

3 Bucarest, Minerva, « Biblioteca pentru toți » (La Bibliothèque pour tous).

Gîrleanu est fondée sur l'original de 1871, et comme il n'est guère possible de reproduire les indices grammaticaux de la distance temporelle qui nous sépare de cette époque, cette distance sera marquée, dans le respect de l'original, par l'emploi d'un vocabulaire ponctué d'archaïsmes.

Vasile Alecsandri (1821-1890 ; graphie française de l'époque : Basile Alexandri), conformément à la tradition qui règne dans le milieu de boyards moldaves aisés où il est né, se familiarise dès son enfance avec la langue et la culture françaises. Très jeune, il fait un séjour d'étude à Paris, puis, après des voyages en Espagne et en Italie, il retourne à Iaşi (Jassy), capitale de la Moldavie, où il dirigera le théâtre national en 1840 et s'imposera vite comme auteur dramatique à succès. Dans le même temps il collabore, en premier lieu comme poète, à la presse de langue roumaine – rappelons que les régimes politiques conservateurs des pays roumanophones prônaient le grec comme langue de la culture –, militant ainsi pour un renouveau national. À partir de la fin des années 1830, en effet, les journaux jouaient un rôle décisif dans une mouvance qui œuvrait à raffermir l'autonomie de la culture roumaine, et qui participait du projet d'accéder à l'indépendance des pays roumanophones qu'avaient dominés depuis des siècles des oppresseurs russes, ottomans et grecs. Le *Magazin istoric pentru Dacia* (Magasin historique pour la Dacie) édité à Bucarest par Nicolae Bălcescu était un modèle de cette presse patriotique qui se donnait pour tâche de faire connaître à un large public les origines et le passé du peuple roumanophone. Alecsandri, « [e]sprit extraordinairement vivace, d'une spontanéité créatrice jusqu'alors sans exemple dans le pays », sachant « tirer des notations originales de la poésie populaire, ballades et complaintes, ou du passé roumain[4] », et, créant ainsi une œuvre poétique en rupture avec la rigide tradition antiquisante, devient rapidement un protagoniste de cette mouvance. Au printemps de 1848, il est un des chefs de file de la révolution moldave. Mais celle-ci est vouée à l'échec : en septembre, les troupes du tzar pénètrent dans la Valachie, et, quelques mois plus tard, les Russes et les Ottomans signent une convention visant à rétablir l'ordre dans les pays insurgés. Alecsandri s'exile à Paris.

En 1850, il retourne en Moldavie, et se met à parcourir le pays à la recherche de chants et poésies populaires, dont il publiera deux volumes en 1852 et 1853, mais il faudra attendre 1866 pour voir paraître l'intégralité

4 Nicolae Iorga, *Histoire des Roumains et de leur civilisation*, Paris, Henry Paulin, 1920, p. 257.

de sa riche récolte. Cette entreprise s'inscrit dans un grand mouvement qui, initié à la fin du XVIIIe siècle et traversant toute l'Europe, dure encore au milieu du XIXe. Sa principale visée, pleinement appropriée par Alecsandri, est de reconstituer un passé national dans chaque pays et de renforcer ainsi les consciences nationales. C'est aussi en 1853 qu'il publie le recueil *Doine, Lăcrămioare și Suvenire* (Doïnas[5], Élégies [Petites Larmes] et Souvenirs) où se trouvent réunies ses propres poésies parues dans divers journaux et revues. Désormais, son nom fait autorité dans les milieux culturels roumanophones, et il en profite pour œuvrer à l'union des auteurs moldaves et valaques dans le mouvement « Roumanie littéraire », et, dans une plus large perspective, à l'union du peuple roumanophone en un seul État. « *Hora Unirii* » (Danse – ou Ronde, parce les danseurs de la *hora* forment une ronde – de l'Union) qu'il publie en 1856 sera l'hymne des unionistes.

Le premier stade de réalisation de ce projet politique est l'union des principautés de la Moldavie et de la Valachie, leurs assemblées respectives ayant élu comme souverain en janvier 1859 le même homme, Alexandru Ioan Cuza. Alecsandri, que Cuza connaît depuis sa prime jeunesse, sera chargé de la mission difficile de faire accepter par les grandes puissances étrangères l'union de ces deux principautés danubiennes, alors que la Russie, la Porte ottomane, l'Autriche et l'Angleterre ont l'intérêt de maintenir la division des petits pays pour éviter la création d'un État libéral[6]. Après une dizaine d'années d'incessants voyages diplomatiques, Alecsandri opte pour le repos en s'installant dans sa propriété de Mircești pour se consacrer à son œuvre littéraire, un choix dicté aussi par un certain désenchantement politique[7] qui ne l'empêchera pas, toutefois, de remplir des fonctions publiques, notamment celle de sénateur et, de 1885 jusqu'à sa mort en 1890, celle d'ambassadeur de la Roumanie en

5 La *doïna* est définie ainsi par J.-E. Voïnesco, le traducteur de l'édition française du recueil d'Alecsandri : « petit chant qui tient à la fois de la chanson des Trouvères lorsqu'elle est consacrée aux sentiments tendres, et des Lieder des Allemands lorsqu'elle embrasse tout ce qui est compris, en littérature, sous les noms divers d'ode, d'hymne, etc. » (V. Alexandri, *Les Doïnas. Poésies moldaves*, Paris, De Soye et Bouchet, 1853, p. 105, note 1.) Ces poésies populaires s'accompagnent souvent de chant et de danse. Élément fondateur de la culture roumaine, la *doïna* a été inscrite en 2009 sur la liste du patrimoine culturel immatériel de l'humanité (voir https://ich.unesco.org/fr/RL/la-doina-00192, consulté le 20 janvier 2021).

6 La Moldavie et la Valachie, les deux Principautés Roumaines (ou Danubiennes) Unies représentent la « petite Roumanie ». La « Roumanie unitaire ou complète », l'État qui réunit tous les Roumains, sera constituée le 1er décembre 1918 et persistera jusqu'à 1940.

7 Voir Oana Soare, *Les Antimodernes de la littérature roumaine*, Thèse Paris-Sorbonne et Bucarest, 2013, p. 139-140, https://www.theses.fr/176238123, consulté le 21 janvier 2021.

France. Après la chute d'Alexandru Ioan Cuza, son amitié avec celui-ci ne l'empêchera pas d'entretenir des rapports excellents avec le roi Charles de Hohenzollern, à la tête de la Roumanie à partir de 1866, et en particulier avec la reine Élisabeth, poétesse sous le pseudonyme de Carmen Sylva, et fortement intéressée par la poésie populaire roumaine.

Alecsandri est bien connu dans les milieux littéraires français aussi. Michelet fait l'éloge de son volume *Les Doïnas*, paru en 1853[8] :

> Dès l'ouverture du livre d'Alexandri, on est pris à la tête, au cœur, d'un étrange parfum, tout plein d'ivresse et de vertige.
>
> On ne sait pourquoi, mais on pleure.
>
> Mélancolie très-douce, pourtant, mélancolie légère… Le nuage n'est pas si épais, qu'un peu d'azur ne soit là-bas[9].

Une deuxième édition augmentée des *Doïnas* suit en 1855[10]. Des poésies populaires qu'il avait recueillies et traduites, deux sont publiées dès 1854 dans *Le Mousquetaire* de Dumas, « Le Soleil et la Lune » et « Le Voile et l'Anneau[11] ». Le volume *Ballades et Chants populaires de la Roumanie (Principautés danubiennes)* recueillis et traduits par V. Alexandri, avec une introduction par M. A. Ubicini, paraîtra chez Dentu l'année suivante[12].

Alecsandri connaissait Mérimée, et le tenait en grande estime. Dans l'article que nous publions ici, il remémore leur première rencontre, en 1853, dans une diligence qui les menait de Madrid à Paris. On peut situer cette rencontre aux alentours du 11 décembre : on sait que le 15 Mérimée est Bayonne[13], et qu'à l'aller il mit quatre jours de Bayonne, d'où il partait le 3 septembre, à Madrid, où il est arrivé le 7. C'est le

8 Voir *supra*, note 5.

9 *Légendes démocratiques du Nord*, Paris, Garnier frères, 1854, p. 334-335.

10 *Littérature roumaine. Les Doïnas, poésies moldaves* de V. Alexandri, traduites par J. E. Voinesco, précédées d'une introduction par M. Georges Bell et augmentées de trois nouvelles pièces et de deux morceaux en prose. 2e éd., Paris, G. Cherbuliez, 1855.

11 Respectivement le 29 mai et le 13 juin. La première est accompagnée d'une note qui précise qu'elle est extraite de « la collection de chants populaires de la Roumanie (provinces [*sic*] danubiennes) » recueillis par V. Alexandri « et dont il prépare en ce moment la traduction française ».

12 L'utilisation avant l'heure du nom de Roumanie est un des enjeux majeurs de cette publication, comme le remarque à juste titre Ana-Maria Gîrleanu-Guichard (« Un "trésor infini de beauté originale". Le premier recueil de chants populaires roumains », *Revue de la BNU* [en ligne], 16 | 2017, p. 100-103, https://journals.openedition.org/rbnu/713#text, consulté le 22 janvier 2021).

13 Voir sa lettre à Mme de Montijo datée de Bayonne, le 15 décembre, 1853, *C. G.*, t. VII, p. 224-226.

hasard qui les a placés dans la même voiture, mais c'est leur appartenance au même monde qui a aussitôt rapprochés les deux voyageurs : ils ont été présentés l'un à l'autre par le marquis de Bedmar, ancien favori de la reine Isabel II et témoin du mariage d'Eugénie de Montijo avec Napoléon III[14]. Mais plus importants pour les lier que leurs relations sociales communes étaient les intérêts littéraires, en particulier pour la poésie populaire, qu'ils partageaient.

C'est en rapportant leur conversation sur ce sujet que l'article d'Alecsandri nous fournit une information inédite : dans *Les Bohémiens*, le poème de Pouchkine que Mérimée préférait et qu'il avait traduit en 1852, la chanson de l'héroïne est inspirée par une chanson des Gitans de Bessarabie, partiellement reprise par le poète russe, fait que Mérimée apprend d'Alecsandri dans la diligence avec un étonnement consterné et amusé tout à la fois. Par sa phrase « *Diable de Pouchkine*[15] ! Je l'ai admiré pendant 15 ans pour un joyau à son cou qui n'était pas à lui », il accepte le rôle de dupe de Pouchkine qui avait été autrefois sa dupe à lui lorsqu'il avait traduit en russe et présenté comme authentiques certaines pièces de *La Guzla*. Ajoutons que l'article d'Alecsandri ayant été inconnu jusqu'à présent pour la critique mériméenne, celle-ci n'a pas pu faire état de cette source de la chanson qui, reprise partiellement par les librettistes de *Carmen*, continue à jouir d'un succès planétaire[16].

Les relations entre les deux hommes vont durer. En 1854, Mérimée donne à son voisin, le poète et diplomate Édouard Grenier, en partance pour occuper le poste du secrétaire de l'hospodar[17] de la Moldavie, une lettre de recommandation auprès de son ami Vasile Alecsandri, « un homme charmant, [...] le premier poète de son pays[18] ».

L'année suivante aura lieu un moment fort de leurs échanges sur la poésie populaire. Alecsandri envoie à Mérimée son recueil *Ballades et*

14 Manuel Antonio de Acuña y Dewitte, marquis de Bedmar, grand d'Espagne, 1821-1883. Son épouse Lucia Palladi était moldave, veuve de premières noces du prince Nicolae Cantacuzène. Elle comptait Juan Valera parmi ses admirateurs.

15 En français dans le texte.

16 L'article d'Alecsandri nous était inconnu lorsque nous avons publié le volume *Écrits et traductions de littérature russe* des *Œuvres complètes* de Mérimée, section *Littérature*, t. VI, éd. Jean-Louis Backès, Antonia Fonyi, avec le concours de Michel Cadot, Paris, Champion, 2016. Voir pour *Les Bohémiens* p. 255-278.

17 Ou *gospodar*, souverain. De nos jours, le mot désigne un bon gestionnaire et se rattache d'habitude à la sphère privée.

18 Édouard Grenier, *Souvenirs littéraires*, Paris, Alphonse Lemerre, 1894, p. 134.

Chants populaires de la Roumanie (Principautés danubiennes[19]*)*, des poésies traduites en français par lui-même, et recevra une lettre de remerciements datée du 11 octobre. On ignore à quelle date l'envoi a été fait, mais on sait que le livre a été enregistré à la *Bibliographie de la France* le 12 mai 1855, et que Mérimée écrit sa lettre après une lecture approfondie. Alecsandri avait-il accompagné son recueil d'une demande de compte rendu ? Probable, parce que la plupart des recensions de Mérimée sont écrites pour satisfaire de telles demandes. Mais la matière du volume elle-même pût l'inciter à prendre la plume. Son article, qui paraîtra le 17 janvier 1856 dans *Le Moniteur universel*, renferme une rapide dissertation où il démontre que la poésie populaire est *la* poésie parce que celle-ci n'existe que « dans un état de demi-civilisation, ou même de barbarie ». C'est une conviction qui importe à Mérimée, et qu'il développe ailleurs aussi (« Les mythes primitifs[20] », la préface aux *Contes et Poèmes de la Grèce moderne* de Marino Vreto[21]). Mais ici, il s'arrête sur une question supplémentaire : aux temps présents, les chants populaires n'ont pas « la grandeur des épopées primitives » parce qu'ils portent les « traces d'un raffinement emprunté à une civilisation voisine ». Les ballades publiées par Alecsandri illustrent cet état : grâce coquette, nuances délicates, diminutifs fréquents… Mais notons, dans un souci d'équilibre, que Michelet apprécie fort cette « foule de jolis diminutifs, affectueux et caressants, amoureux et enfantins », avec « une larme qui tremble dans la voix[22] ». Et Mérimée termine son compte rendu en présentant avec un plaisir fort sensible quelques Ballades qui l'ont frappé par leur beauté particulière. Pour un jeune poète roumain une recension de Prosper Mérimée avait le poids d'un acte de reconnaissance. Alecsandri le rappellera à la fin de sa nécrologie.

Les bons rapports continuent, comme l'atteste la lettre que Mérimée adresse, en 1858, à Édouard Thouvenel, ambassadeur de France à Constantinople, pour lui recommander Alecsandri, en mission diplomatique auprès de la Porte ottomane : « Je suis lié depuis longtemps avec M. Alecsandri. C'est un homme d'esprit élevé, fort ami de la France,

19 « *Ballades et Chants populaires de la Roumanie* / recueillis et traduits par V. Alexandri / Paris, 1855.

20 *Revue contemporaine*, 15 octobre 1855, p. 5-21.

21 Paris, Emile-Audois, 1855, p. 7-16.

22 *Légendes démocratiques du Nord*, *op. cit.*, p. 334.

excellent poète [...][23]. » Leur dernière rencontre eut lieu en février 1870, à Cannes. Son évocation par Alecsandri dans son article est un témoignage précieux des derniers temps de la vie de Mérimée.

La construction et les tonalités de l'article sont caractéristiques de l'écriture d'Alecsandri : enchaînement capricieux d'anecdotes, alternance quelquefois déroutante du sérieux et du comique, et sous-jacent à cet ensemble hybride, un humour prêt à se muer en ironie, tout comme Mérimée le pratique aussi. Le fait même qu'Alecsandri choisisse de le publier dans *Convorbiri literare* (Conversations littéraires) est significatif : créée en 1867 sur le modèle de la *Revue des Deux Mondes*, cette revue est l'organe de la Société *Junimea* qui joue un rôle déterminant dans l'avènement de la littérature roumaine moderne. C'est conformément au programme de la revue qui impose la valeur esthétique comme supérieure à toute autre valeur, idéologique, politique, etc., qu'Alecsandri confère dans son article aux œuvres de Mérimée le statut de modèles littéraires – de modèles pour une littérature roumaine *in statu nascendi*. Précisons qu'à ses débuts la revue était dominée par une orientation germanique, tributaire de la culture de ses premiers rédacteurs, qui n'excluait pas certaines attitudes anti-françaises, ce qui ajoute à l'importance de cet hommage à Mérimée en tant que marque de l'appréciation de la culture française[24].

Antonia FONYI
CNRS
avec la collaboration
de Simona GÎRLEANU
ancienne élève de l'ENS Ulm
docteur en littérature comparée

23 Lettre du 8 décembre 1858, publiée par Denys J. Ohme, « Une lettre inédite de Mérimée à Édouard Thouvenel », *Revue d'Histoire littéraire de la France*, juillet-août 1979, p. 629-630. Mérimée a probablement utilisé la graphie Alexandri.

24 Pour cette double filiation culturelle, voir Silvia Adriana Apostol, *Le fantastique littéraire en France et en Roumanie. Quelques aspects au XIXe siècle : une rhétorique de la (dé)construction ?* Thèse Paris-Est et Pitești, 2011, p. 94-100, https://www.theses.fr/160216338, consulté le 21 janvier 2021.

PROSPER MÉRIMÉE

I.

Pour ceux qui apprécient les beautés de la littérature française, pour ceux qui saisissent les qualités du style et la finesse de l'esprit, la mort du célèbre auteur Prosper Mérimée est considérée comme un très triste événement, une perte importante pour le monde des lettres. Et quiconque a connu personnellement cet homme éminent des sciences philologiques regrettera non seulement le littérateur distingué, le philosophe aimable, mais aussi l'un des représentants les plus authentiques de l'esprit de la conversation française.

Son œuvre littéraire n'est pas étendue, mais elle est précieuse aux yeux des amateurs de l'esthétique d'écrits qui ont valeur de modèles : *Colomba*[1], *La Vénus d'Ille*, *L'Enlèvement de la redoute*, *Le Vase étrusque*, *Les Chroniques*[2] *de Charles IX*, etc., ainsi que plusieurs études sur les littératures slave et espagnole. Il fut le premier à faire connaître le célèbre Pouchkine en France[3], ayant traduit diverses œuvres de ce poète russe, et il a écrit une série de lettres d'un grand intérêt sur l'Espagne où il aimait voyager souventefois.

Tout ce qui est sorti de sa plume est magistralement ciselé, comme les objets d'art de Benvenuto Cellini ; mais qui peut décrire son talent de conteur ? qui peut décrire la finesse des observations spirituelles qui brillaient dans sa conversation avec tant de profusion et de charme ?

---

1 Les titres sont en français dans le texte.

2 *Sic*, au pluriel dans le texte.

3 D'autres avant lui ont traduit et publié des œuvres de Pouchkine en France, mais ce fut Mérimée, personnalité de renom, membre de l'Académie française et haut fonctionnaire, qui imposa au public français l'auteur qu'il classait parmi les plus importants de son temps. Voir Jean-Louis Backès, « Présentation générale », dans Prosper Mérimée, *Études et traductions de littérature russe*, t. 6 de la section I, *Littérature*, des *Œuvres complètes*, Paris, Honoré Champion, 2016, p. 7-67.

J'ai eu la chance de le rencontrer lors d'un voyage en Espagne, en 1853, et de le revoir à plusieurs reprises, à Paris et à Cannes où il passait les mois d'hiver ; et je trouve qu'il est un agréable devoir pour moi de dire à mes compatriotes que Prosper Mérimée a été une de ces éminentes personnalités de la France qui se sont intéressées fort au destin de la Roumanie.

« La Roumanie, disait-il, ressemble maintenant à une fillette de 12 ans, pas encore formée. Sa beauté ne s'est pas développée et personne ne la remarque. Laissez-la grandir, atteindre l'âge de la jeunesse où les formes de l'enfant se dessinent avec grâce, où ses qualités physiques et mentales s'affirment, où la beauté offre les traits de la splendeur royale, et les yeux du monde se tourneront vers elle avec admiration. Tout ce que je souhaite à la Roumanie, c'est d'avoir non pas 12, mais 20 ans ! »

II.

À mon retour du Maroc, je suis entré en Espagne par Cadix, et après avoir visité Séville, Cordoue et Grenade, je suis allé à Madrid pour y passer un mois en compagnie de mon ami, le marquis de Bedmar[4]. Le début de l'hiver m'avait surpris dans cette ville et je m'inquiétais des difficultés qui m'attendaient sur la route de Paris, car vers 1853 les voyages en Espagne se faisaient en diligence tirée par 10 à 12 mulets, passant par des lieux dépourvus de tout confort. En allant donc monter dans la diligence, le marquis m'a présenté à Mérimée au moment même où le conducteur appelait nos noms pour prendre place dans le coupé. La chance avait fait que j'eusse pour compagnon de route l'auteur de *Colomba*, qui rentrait en France.

Cette nuit-là nous n'avons presque plus échangé un mot, car nous étions séparés par un épais mastodonte qui portait des rouflaquettes anglaises vermeilles, se dressant entre nous telles deux touffes rouillées par la brume. Le lendemain matin, contournant les touffes, nous avons essayé de nous regarder de face, et nous avons fait connaissance.

4 Voir la Présentation.

– Comment a été la nuit ? demanda Mérimée.

– Mauvaise et chaude, à cause du voisinage, répondis-je, en désignant l'Anglais qui ronflait la bouche ouverte.

– Il est heureux d'avoir un tel poêle dans le coupé, parce que dehors il fait rudement froid.

– C'est vrai, mais je trouve que le poêle occupe trop de place dans notre appartement.

– Que veux-tu[5] ? L'Angleterre a toujours été une puissance envahissante ; mais cette triste vérité ne peut nous empêcher de déjeuner. As-tu pris quelques provisions pour la route ?

– Bedmar a pris soin de moi ; j'ai avec moi un pâté froid et du vin de Xérès.

– Bedmar connaît son pays et les besoins du voyageur dans son pays.

– Comment ? L'Espagne …

– L'Espagne sonne de la guitare, l'Espagne danse le boléro et la *cachucha*[6], l'Espagne fait des pronunciamientos[7], mais ne sait pas se nourrir. Pendant tout le voyage jusqu'à la frontière française, nous ne trouverons que des œufs couvés et des poulets rachitiques frits à l'huile de lampe.

– À l'huile de lampe ! Pourquoi pas à l'huile alimentaire ?

– Parce que c'est le goût espagnol. Figure-toi qu'un de mes amis, le consul d'Alicante, incapable de s'habituer au goût national, a écrit à Marseille pour se faire envoyer deux tonnelets d'huile de Provence, très claire et bonne ; mais comme il y en avait trop pour lui, il a fait savoir à ses amis espagnols de la ville qu'il voulait se débarrasser de l'un des tonnelets. Les amateurs rappliquèrent aussitôt de toutes parts, mais ils firent demi-tour encore plus vite sans acheter l'huile, parce que, l'ayant goûtée, ils la trouvèrent sans arôme… c'est-à-dire sans l'arrière-goût de lampe… Mon ami consulta son collègue, le consul anglais, et, suivant ses conseils, il débonda l'un des tonnelets et l'exposa au soleil pendant deux semaines, puis il invita de nouveau les amateurs indigènes à

5 Ici et par la suite, à quelques exceptions près, le texte roumain donne « tu », mais selon toute vraisemblance Mérimée, qui n'avait pas le tutoiement facile, vouvoyait Alecsandri.

6 En espagnol dans le texte. Après la prise de Grenade par les Rois catholiques en 1492, les populations expulsées de la ville – musulmans, Juifs, Gitans – se sont établies sur la colline Sacromonte dans des maisons troglodytes.

7 Insurrection de l'armée en vue de renverser le gouvernement en place. Mérimée utilise le terme espagnol partout dans sa correspondance.

goûter la marchandise. Parfait ! s'écrièrent-ils avec enthousiasme, et ils embarquèrent le tonnelet… La vérité est que l'huile n'était même plus bonne pour les lampes, mais elle avait pris le goût local… Telle est la patrie du Cid Campeador sous l'aspect gastronomique ! Mais, comme dédommagement suffisant, nous entendrons tout au long de notre trajet le son des castagnettes… Aimes-tu les castagnettes ?

– J'aime bien quand elles sont maniées par une belle fille de Grenade.

– Elles me produisent une curieuse impression …

– Quelle impression ?

– Il me semble que j'entends les dents des Espagnols claquer de faim.

J'éclatai de rire et je réveillai l'Anglais à côté de moi. Le mastodonte regarda à droite et à gauche avec la confusion d'un homme étourdi par le sommeil, et, nous voyant occupés par notre déjeuner, il donna les signes les plus inquiétants de la faim. Il sortit aussitôt de sous ses pieds une besace remplie de viandes rôties et se mit à les introduire dans sa bouche de façon machinale, favorisant cette opération gastronomique à l'aide d'une bonbonne de Madère.

Mérimée l'admira pendant quelques minutes ; puis il me demanda si j'étais allé à Grenade et si j'avais vu les familles de *Gitanos*[8] (Tsiganes) sur la colline en face de l'Alhambra.

– Je les ai visités dans leurs terriers creusés dans les rochers, et j'ai remarqué une grande ressemblance entre eux et les Tsiganes de Roumanie.

– Et ceux de Russie, ajouta Mérimée. Le poète russe Pouchkine les a très bien décrits dans un petit poème très original que j'ai traduit en français[9]. J'y ai particulièrement admiré une chanson gitane pleine d'énergie sauvage.

– Vous vous en souvenez ?

– Mais l'héroïne du poème dit : brûle-moi sur des charbons ; je mourrai sans dire le nom de mon amant !, etc.

– Comment ? dis-je en l'interrompant ; ces vers ont-ils été composés par Pouchkine ?

– À coup sûr !

– Vous vous trompez, monsieur Mérimée. C'est une chanson populaire de chez nous. En voici les paroles :

8 En espagnol dans le texte.

9 *Les Bohémiens.* Voir la Présentation.

Brûle-moi, cuis-moi,
Mets-moi sur des charbons !
Si tu me mets sur des charbons
Je ne dirai qui est mon amant.
Si tu me frappes avec un bâton
Sur les yeux et les nichons,
J'irai toujours au portillon
En bécoter un autre.
Si tu me frappes avec une planche
Je coucherai toujours avec un autre.
L'été la vigne fleurit
L'automne dès qu'elle donne des fruits
Les sansonnets viennent les piquer.
Depuis hier, moi j'ai fleuri,
Mon sein n'a pas encor donné des fruits
Et il brûle à l'infini[10] !

Mérimée écouta la traduction française de cette hora[11], puis dit en souriant :

– *Diable de Pouchkine*[12] ! Je l'ai admiré pendant 15 ans[13] pour un joyau à son cou qui n'était pas à lui[14].

---

10 Le poème est inclus dans le recueil publié en 1866 par Alecsandri, *Poezii popolare ale Românilor* (*Poèmes populaires des Roumains*), et s'intitule *Hora ţigănească* (*La Hora tsigane*). La version de 1866 diffère très légèrement et comporte quatre vers supplémentaires : « Brûle-moi *et* cuis-moi, / [...] Je ne *te* dirai qui est mon amant / *Cuis-moi à la broche / Mon amant n'a pas de faute !* / Si tu me frappes avec un bâton / [...] Je coucherai toujours avec un autre. / *Ainsi veut mon âme, / Ainsi va mon pas.* / L'été la vigne fleurit [...]. » (Éd. Gheorghe Vrabie, Bucarest, Editura pentru literatură, 1965, p. 377. Nous soulignons.)

11 La « hora » est une danse ancestrale originaire des Balkans qui se retrouve dans le folklore de nombreux pays (Roumanie, Moldavie, Bulgarie, etc.) et ethnies de la région (notamment dans les folklores gitan et juif). Expression par excellence de la joie collective, la hora est indissociable des mariages et des fêtes paysannes.

12 En français dans le texte.

13 Le souvenir d'Alecsandri est inexact. Quinze ans nous ramèneraient en 1828, époque où Mérimée ne connaissait pas le russe, et la première traduction française du poème, par G. Lecointe de Lavau, a paru dans le *Bulletin du Nord* en 1829.

14 Pour l'importance de cette information, voir la Présentation. Les vers anapestiques de Pouchkine sont traduits en prose par Mérimée. Les voici : « Vieux jaloux, méchant jaloux, coupe-moi, brûle-moi ; je suis ferme, je n'ai peur ni du couteau, ni du feu. / Je te hais, je te méprise, j'en aime un autre ; je meurs en l'aimant. [...] Coupe-moi, brûle-moi, je ne dirai rien ; vieux jaloux, méchant jaloux tu ne sauras pas son nom. / Il est plus frais que le printemps, plus ardent qu'un jour d'été ; qu'il est jeune et hardi ! comme il m'aime. / Comme je l'ai caressé quand tu dormais la nuit ! comme nous avons ri tous les deux de tes cheveux blancs. » (*Études et traductions de littérature russe*, *op. cit.*, p. 266-267.).

Notre conversation se prolongea ainsi jusqu'à Paris sous le nez de l'Anglais aux rouflaquettes carotte. La poésie populaire des Roumains l'intéressait beaucoup, car lui-même avait composé dans sa jeunesse un recueil de chants croates et monténégrins, qu'il avait publié sous le titre de *La Guzla*, et il trouvait qu'en vérité notre poésie possédait une beauté d'un ordre supérieur[15].

– Grâce aux Roumains, observait-il souvent en riant, je ne crois plus à la simplicité proverbiale des paysans du Danube[16].

III.

L'hiver dernier, vers le mois de février, alors que je me trouvais à Cannes, je suis allé par un beau jour ensoleillé visiter le jardin qu'on appelle le *Jardin des Hespérides*[17]. Ce jardin-là planté d'orangers, au bord de la Méditerranée, mérite pleinement son nom, car il présente un aspect féerique avec ses centaines d'arbres couverts de fruits dorés[18]. La lumière du soleil dorait le vert des feuilles et répandait sur les fruits une couleur joyeuse qui ravissait les yeux. L'air chaud était rempli d'une odeur enivrante, et le murmure léger de la mer formait une harmonie qui enchantait les oreilles et entraînait l'âme à une douce rêverie. Au

---

15 Le texte est équivoque : Alecsandri savait-il que *La Guzla* était une supercherie ou la croyait-il authentique ? Notons qu'il est difficile d'en tracer la réception en Roumanie. La seule traduction en roumain date de 1998. Le catalogue des traductions de français, d'italien et d'espagnol (XVIIIe-XIXe siècles) ne fait pas mention de traduction antérieure (voir la liste des traductions en roumain des œuvres de Mérimée dans Georgiana Lungu-Badea, dir., *Repertoriul traducerilor românești din limbile franceză, italiană, spaniolă (secolele al XVIII-lea și al XIX-lea)*, Timişoara, Editura Universității de Vest, 2006, t. II, p. 244-245).

16 Bien entendu, cette observation que Mérimée aurait « souvent » faite doit être ultérieure à la conversation de 1853 dans la diligence puisqu'il ne prendra connaissance de la poésie populaire roumaine qu'en 1855, grâce aux traductions des pièces recueillies par Alecsandri dans le volume *Ballades et Chants populaires de la Roumanie* (voir la Présentation). Quant au manque de simplicité de cette poésie, il ne se prive pas de le critiquer dans sa recension du volume : « à force de raffiner sur les nuances, la clarté et l'énergie du langage disparaissent » (art. cité) ; voir aussi la Présentation.

17 En français dans le texte.

18 Héra planta un arbre aux pommes d'or dans un jardin gardé par trois nymphes appelées les Hespérides. Lorsqu'elle s'aperçut que celles-ci volaient les fruits, elle plaça Ladon, un dragon à cent têtes, autour de l'arbre.

loin, le bleu des vagues s'étendait jusqu'à l'île Sainte-Marguerite, et on apercevait quelques barques glisser d'un mouvement insaisissable. J'avais les conditions de vie les plus agréables : soleil éclatant, nature épanouie, ciel clair, mer admirable, et je me pourmenais avec un vif contentement le long des sentiers parfumés du jardin[19]. Soudain, j'aperçus sur un banc un homme pâle, triste et souffrant, qui respirait avec difficulté et regardait avec chagrin les splendeurs de la nature : c'était Prosper Mérimée !

Je m'approchais de lui ; il me reconnut et me dit avec un sourire amer :

– Comment tu me trouves, mon ami ? Ne penses-tu pas que je ressemble au dragon effrayant qui gardait le jardin des Hespérides dans les temps anciens ? Regarde dans quel état m'a mis la maladie de cœur qui me tue depuis que nous ne nous sommes pas vus ! Je vais bientôt mourir, dans la fleur de la… vieillesse !

– Ne le crois pas, Monsieur Mérimée, parce que le climat de Cannes fait des merveilles pour les malades.

– C'est ce que disent les médecins, mais j'attends le miracle depuis de longues années et je ne le vois pas venir.

Mérimée passait tous ses hivers à Cannes, en compagnie de deux sœurs anglaises qui lui étaient dévouées avec une abnégation admirable et prenaient soin de lui comme d'un enfant. Elles savaient adoucir ses souffrances et lui soutenir le moral quand il était épuisé par la maladie. Souvent, j'ai joué au whist avec ces *misses* et leur cher malade pendant les soirées de février, et j'ai pu me convaincre que la souffrance n'avait pas éteint si peu que ce fût l'éclat de son esprit.

Un jour, Mérimée me montra une épée de Damas avec des lettres arabes incrustées dans la lame.

– Lis-tu l'arabe ? me demanda-t-il.

– Oh que non.

– Figurez-vous que je n'ai trouvé encore personne pour me traduire cette inscription, bien que j'aie beaucoup d'amis qui jouissent de la réputation d'orientalistes et qui professent des cours de langues orientales à la Sorbonne. Il m'arrive avec mon épée la même histoire qu'à la sœur du roi Louis-Philippe avec le tissu d'une robe qui avait tout

19 On reconnaît dans la technique picturale de cette description l'auteur des *Pastels*. Œuvre poétique de maturité, les *Pastels* d'Alecsandri paraissent à partir de 1868 dans la même revue. Salués par la critique comme la partie la plus aboutie de son œuvre poétique, ces poèmes sont inspirés pour la plupart par les paysages de Mirceşti.

au*tour du pan* une suite de mots turcs brodés en or. Cette princesse-là s'adressa à Monsieur C., professeur de sanskrit, pour obtenir la traduction exacte de la broderie, et celui-ci lui répondit que la broderie contenait un verset du Coran : « *La Allah illa Allah, u Mhamed rasul Allah !* » C'est-à-dire : « *Dieu est grand et Mohammed est son prophète !* » Deux ans plus tard, lorsqu'un autre professeur orientaliste se présenta aux Tuileries, la princesse désirant mettre son savoir à l'épreuve, lui montra sa robe préférée et le nouvel érudit examina le tissu, et traduisit sur-le-champ les lettres brodées comme suit : « *Personne n'est aussi grand qu'Ali, le gendre de Mohammed, rien n'est aussi fort que l'épée d'Ali !* » Imagine l'émerveillement de la princesse ! Enfin, à un bal à la cour, l'ambassadeur turc venant saluer la sœur du roi, celle-ci lui dit :

– Monsieur l'ambassadeur, avez-vous jamais été professeur à la Sorbonne ?

– Jamais, Altesse.

– Merveilleux ! Ayez donc la gentillesse de me traduire l'inscription sur ma robe.

L'ambassadeur lut les hiéroglyphes dorés et répondit : Ces lettres signifient : « *Abdulah, fabricant de soieries à Brusa*[20], *à côté de la mosquée d'Osman*[21] ».

Prosper Mérimée était un personnage haut placé dans sa patrie : inspecteur des monuments de la France, sénateur, membre de l'Académie française, en rapports amicaux avec toutes les personnes illustres du monde des arts, des lettres et de la politique, aimé et apprécié au Palais des Tuileries pour son esprit. Malgré toutes ses fonctions, il était exempt du défaut de l'infatuation, ses manières étaient simples et affectueuses, il se montrait serviable pour les jeunes littérateurs et ne manquait pas de les encourager. Il regrettait profondément de n'avoir pu entreprendre un voyage dans nos pays, s'occupait de temps à autre de l'étude philologique de la langue roumaine et projetait d'écrire une dissertation sur nos poèmes populaires[22].

20 Il s'agit vraisemblablement de la ville de Bursa ou Brousse, capitale de la province du même nom, réputée pour sa production de soieries royales.

21 Le district principal de Brousse s'appelle Osmangazi et regroupe la plupart des monuments historiques de la ville.

22 On ne trouve pas de confirmation d'un tel projet dans la correspondance de Mérimée, ni dans d'autres témoignages, mais il a pu en parler à Alecsandri. Dans sa lettre de remerciement des *Ballades et Chants populaires*, il s'enquiert de l'existence d'« une grammaire

Mais la mort l'a fauché, comme beaucoup de ses contemporains, Lamartine, Alexandre Dumas, etc., et il a fermé les yeux pour qu'il ne voie plus les terribles malheurs qui hantaient sa chère patrie depuis six mois !

V. ALECSANDRI.

Traduit par Simona GÎRLEANU
Annoté par Antonia FONYI et
Simona GÎRLEANU[23]

---

moldave » : « Vous m'avez donné la plus grande envie d'aller voir votre pays et d'apprendre votre langue. » (Lettre à Alecsandri du 11 octobre 1855, *C. G.*, t. XVII, p. 11.) Quelques années plus tard, Alecsandri publia sous le pseudonyme de V. Mircesco une *Grammaire de la langue roumaine* (Paris, Maisonneuve, 1863). On ignore si Mérimée en a eu connaissance. Condeescu considère qu'il n'est pas exclu que le projet d'Alecsandri d'écrire une grammaire roumaine à l'intention des Français (unique incursion du poète roumain dans ce domaine) soit motivé par son intention d'aider Mérimée à apprendre le roumain. (« Relațiile lui Prosper Mérimée cu Vasile Alecsandri (în legătură cu o scrisoare inedită) », *Revista de Filologie Romanică și Germanică*, V, 1961, n° 2, p. 235.)

23 Nous remercions Anna KESZEG (Universités de Cluj et de Debrecen) de ses avis et conseils pour cette traduction.

CORRESPONDANCE

LETTRE DE MÉRIMÉE À VALENTÍN CARDERERA DU 8 JUILLET 1856

PRÉSENTATION
Mérimée, Carderera, Goya
autour d'une lettre inédite[1]

L'artiste et collectionneur espagnol Valentín Carderera y Solano (1796-1880) était peintre de cour de la reine Isabelle II, membre de l'Académie des Beaux-Arts San Fernando, professeur au sein de la même institution et membre de l'Académie d'Histoire. La découverte d'un ensemble de documents dans les archives familiales de Carderera à Madrid nous conduit, toutefois, à évoquer le Carderera admirateur, collectionneur et diffuseur de l'œuvre graphique de Francisco de Goya (1746-1828) en France.

La grande collection que possédait Carderera de l'œuvre graphique de Goya provenait de deux sources. La première était la collection, acquise par Carderera, de l'écrivain et historien d'art Agustín Ceán Bermúdez (1749-1829), ami de Goya, à qui celui-ci avait donné une grande partie des épreuves et des éditions de ses gravures. La seconde source était la descendance du peintre : après la mort du fils de Goya, Javier, en 1854, Carderera acquit une très grande partie de l'œuvre graphique, puis il acheta d'autres œuvres du petit-fils de Goya, Mariano. Du vivant de Javier Goya et plus activement encore de Mariano Goya, Carderera vendait des dessins en tant que leur représentant en France, et il en vendait aussi par l'intermédiaire de Federico de Madrazo, le directeur du Musée du Prado à l'époque.

1 La lettre que nous publions se trouve dans les archives familiales de Carderera. Nous remercions très chaleureusement Pilar Carderera de nous autoriser à la publier.

En Espagne, Goya était surtout connu par ses peintures religieuses et ses portraits de la famille royale et de l'aristocratie. En France pourtant, dans les années 1830, on le connaissait presque exclusivement comme l'auteur des *Caprichos* (1799), pour lesquelles il était admiré avec ferveur par les peintres romantiques comme Delacroix[2] et Grandville, et par des écrivains, dont Théophile Gautier qui lui consacra un article dans le premier catalogue raisonné de ses gravures, publié dans la *Le Cabinet de l'Amateur* par Eugène Piot en 1842[3]. Quand Carderera publie dans la *Gazette des Beaux-Arts* en 1860 son article sur Goya, celui-ci est un des artistes les plus connus et les plus appréciés par les collectionneurs et le public français[4]. La date de cette publication coïncide avec une renaissance de la gravure en France qui provoquera un intérêt nouveau pour les gravures de Goya. Cet intérêt est animé aussi par l'activité de Carderera qui, dans les années 1850 et 1860, ne cesse de diffuser par ventes ou échanges des gravures et des dessins de Goya parmi les artistes, écrivains et autres collectionneurs. La demande pour les œuvres de Goya ira en croissant considérablement à la fin du XIXe siècle, et la collection de Carderera sera dispersée en France, au Royaume-Uni, puis aux États-Unis, d'où la difficulté de localiser toutes les œuvres qui avaient été en sa possession.

Les journaux de voyage de Carderera ainsi que sa correspondance inédite rendent compte de ses visites en France et de ses fréquentations d'importantes personnalités des milieux artistiques et littéraires de Paris[5]. Il était en contact par exemple avec l'historien, critique et graveur Charles Blanc, membre de l'Académie des Beaux-Arts et éditeur de la *Gazette des Beaux-Arts*[6], et le critique d'art Philippe Burty (1830-1890)

---

2 Voir Paula Fayos-Pérez, « Delacroix after Goya's *Caprichos* : A New Sheet of Drawings », *The Burlington Magazine*, December 2020, vol. 161, n° 1395, p. 474-481.

3 Théophile Gautier, « Francisco Goya y Lucientes », Eugène Piot, « Catalogue raisonné de l'œuvre gravé de Francisco Goya y Lucientes », *Le Cabinet de l'Amateur et de l'Antiquaire*, t. I, 1842, respectivement p. 337-345 et 346-366.

4 V. Carderera, « François Goya. Sa vie, ses dessins, ses eaux-fortes », *Gazette des Beaux-Arts*, t. VII, 15 août 1860, p. 215-227. La suite de cet article sera publiée dans le même journal le 1er septembre 1863, t. XV, p. 237-249.

5 Les journaux de voyages de Carderera ont été publiés par J. M. Lanzarote Guiral, *Diarios de viaje de Valentín Carderera por Europa (1841-1861). París, Londres, Bélgica y Alemania*, Zaragoza, Institución Fernando el Católico, 2016.

6 Leur première rencontre eut lieu le 15 octobre 1859. Invité par Blanc à collaborer la *Gazette des Beaux-Arts*, Carderera lui montra à cette occasion des œuvres de Goya (« Vio mis goyas », Il a vu mes Goyas, *ibid.*, p. 411). Il a prêté à Blanc deux dessins de Goya le

qui a traduit son article de 1860 sur Goya, et qui est devenu un avide collectionneur de l'œuvre graphique du peintre[7]. Carderera était aussi en relation avec les artistes Adrien Dauzats (1804-1868) et Achille Devéria (1800-1857), ce dernier conservateur au Cabinet des estampes de la Bibliothèque nationale depuis 1848, puis son directeur de 1855 à 1857[8]. Il comptait aussi parmi ses relations Paul Lefort (1829-1904)[9], Charles Yriarte (1832-1898), auteur de *Goya. Sa vie, son œuvre* (1867), et Eugène Piot (1812-1890)[10] qui rédigea avec son assistance le catalogue raisonné des gravures de Goya. Il fréquentait aussi Laurent Mathéron, le premier académicien français à étudier les dessins de Goya dans son livre consacré à celui-ci, paru en 1858[11]. Toutes ces personnes ont acquis des gravures de Goya par l'intermédiaire de Carderera.

Dans les archives de Carderera se trouvent vingt-trois lettres inédites (qui seront publiées prochainement) de Prosper Mérimée à Valentín Carderera, dont quinze sont datées entre 1845 et 1863, les autres sans date. Celle du 8 juillet 1856 témoigne du rôle joué par Carderera comme collectionneur, marchand et diffuseur des gravures et des dessins de Goya en France[12].

---

3 novembre 1859 (*ibid.*, p. 411 et 424). Ils se sont rencontrés à plusieurs reprises en 1861 (*ibid.*, p. 500 et 511), et le 9 octobre 1861, Carderera avait un « paquet de Goyas pour Charles Blanc » (« Tomé paquete de goyas para Charles Blanc », *ibid.*, p. 513).

7 Des lettres de 1860 et 1861 de Burty publiées par Xavier de Salas révèlent qu'il était intéressé par l'acquisition de toutes les séries imprimées et des « lithographies » (les *Taureaux de Bordeaux*, 1825). Voir X. de Salas, « Portrait of Spanish artists by Goya », *The Burlington Magazine*, vol. 106, n° 730, janvier 1964, p. 14-19. Les journaux de Carderera enregistrent la remise à Burty d'autres estampes et de dessins, dont des scènes des *Disparates* avant leur publication posthume en 1864 (5 novembre 1859, *ibid.*, p. 425). En 1861 aussi, Carderera et Burty se sont rencontrés plusieurs fois (*ibid.*, p. 455 et 458).

8 Carderera connaissait Devéria au moins depuis 1845. Ses journaux indiquent qu'il a présenté à Dauzats des dessins de Goya le 1er octobre 1856 et lui permit de les copier (*ibid.*, p. 352). Il lui a également donné vingt-neuf planches des *Caprichos* le 6 novembre 1859 ; Dauzats s'en réjouit si fort qu'il voulait les payer (*ibid.*, p. 430).

9 Lefort évoque les dessins préparatoires des *Caprichos* de la collection Carderera dans son « Essai d'un catalogue raisonné de l'œuvre gravé et lithographié de Francisco Goya », *Gazette des Beaux-Arts*, t. IX, 1er février1867, p. 194-195.

10 Piot, *op. cit.* La collection de Piot des œuvres de Goya contient vingt-deux épreuves des *Caprichos*, acquises probablement par Carderera. Elles se trouvent actuellement à la Bibliothèque nationale de France (acquisition n° 5245). Voir Tomás Harris, *Goya. Engravings and Lithographs*, Oxford, B. Cassirer, 1964, t. I, p. 13, 88, 99 et n° 47.I.3.

11 Laurent Mathéron, *Goya*, Paris, Schultz et Thuillié, 1858. Mention de la collection Carderera p. 118, 128.

12 Pour la publication en anglais de cette lettre, ainsi que de celles de Gustave Brunet et d'un graveur mineur appelé Carresse, voir Paula Fayos-Pérez, « Valentín Carderera and

Mérimée fait la connaissance de Carderera en 1840, et restera désormais en rapport avec lui, comme en témoignent plusieurs de ses lettres à Mme de Montijo. Dès 1847, il essaye de l'aider à faire publier en France son *Iconografia española*[13] chez l'éditeur d'estampes Casimir Gide[14], et recommande l'ouvrage en 1856 à Frédéric Bourgeois de Mercey, chef de la division des Beaux-Arts au ministère de l'Intérieur[15].

Dans la lettre que nous publions ici, Mérimée écrit qu'il ne possède pas les « toros » de Goya, mot qui fait référence peut-être à la série d'eaux-fortes *Tauromaquia* (1816), mais plus probablement aux lithographies *Les Taureaux de Bordeaux* (1825), faites pendent l'exil de Goya en France, œuvres qu'il voudrait acquérir si elles ne sont pas très chères. Puis il affirme qu'il ne connaît pas non plus les *Proverbios*, appelés aussi *Disparates* (*c.* 1815-1823), ni les « estampes des caprichos supprimées », mais qu'il serait curieux de les voir. Cette phrase prouve que Carderera montrait les épreuves des *Proverbios* avant leur publication posthume en 1864. Les « estampes des caprichos supprimées » font référence probablement aux « *Caprichos* enfáticos », qui sont les dernières planches des *Desastres de la guerra* (Désastres de la guerre) (1810-1814), publiés elles aussi posthumément en 1863, et dont les épreuves et les dessins préparatoires étaient dans la collection de Carderera. Deux mois après cette lettre, le 3 septembre 1856, le journal de Carderera raconte qu'il a « apporté » chez Mérimée deux dessins de Goya, sans préciser si c'était pour les montrer, vendre ou échanger[16].

---

the dissemination of Goya's graphic work in France », *The Burlington Magazine*, décembre 2020, vol. 162, n° 1413, p. 1048-1055.

13 Titre complet : *Iconografia española. Colección de retratos, estatuas mausoleos y demás monumentos de reyes, reinas, grandes capitanos, escritores, etc. desde el siglo* XI *hasta el siglo* XVII *copiados de los originales por Valentín Carderera y Solano con texto biográfico y descriptivo, en español y francés por el mismo autor.* L'ouvrage paraîtra finalement en deux volumes à Madrid, chez Ramón Capuzano, en 1855 et 1864.

14 Voir la lettre du 23 janvier 1847 à Mme de Montijo, *Correspondance générale* [*C. G.* par la suite], établie et annotée par Maurice Parturier avec la collaboration de Pierre Josserand et Jean Mallion pour les t. I-VI, Paris, Le Divan, 1941-1947, t. VII-XVII, Toulouse, Privat, 1953-1964, t. V, p. 13. Casimir Gide (1804-1868) dirigea une maison d'édition en association avec Jules Baudry de 1847 à 1857. Après la faillite de l'éditeur d'estampes Albert Hauser en 1846, Carderera demanda à Gide de publier son *Iconografia española*, mais celui-ci rejeta la proposition. Gide est de nouveau mentionné dans les journaux de Carderera en 1855, quand il essaye de faire revivre son livre. Voir Lanzarote Guiral, *op. cit.*, p. 550-551.

15 Lettre à Mercey, 22 novembre 1856, *C. G.*, t. VIII, p. 172-173.

16 « Salimos juntos [con Carresse], yo de Mérimée. Llevé dos dibujos de Goya » (Nous sommes sortis ensemble [avec Carresse], je suis allé chez Mérimée. J'ai apporté deux dessins de

Au sujet des rapports de Mérimée à Goya, il convient de s'arrêter sur une lettre de Mérimée à la duchesse de Colonna du 16 mai 1869, citée par François Géal dans son article « Mérimée/Goya. Chronique d'un désamour annoncé[17] ». « Je ne vous pardonne pas votre admiration pour Goya », écrit Mérimée à sa correspondante, et il affirme qu'il n'aime pas les peintures, ni même les gravures de Goya, à l'exception des eaux-fortes d'après Velázquez juste pour le mérite d'imiter l'original, et peut-être les *Caprichos* parce qu'ils ont « quelques drôleries assez bonnes[18] ». Mérimée exprime sa profonde admiration pour Velázquez pour son art « réaliste » et rejette l'art de Goya, surtout ses peintures, en répétant le cliché romantique du Goya fou et rebelle, qui ne savait pas peindre correctement selon les règles académiques.

Cette déclaration de rejet en 1869 semble contredire l'intérêt que Mérimée avait montré pour Goya lorsque, treize ans plus tôt, il avait voulu acheter de ses gravures. Il me semble que cette contradiction énigmatique pourrait s'expliquer par trois raisons : 1) le goût de Mérimée par rapport à Goya aurait changé entre 1856 et 1869 ; 2) il n'a pas exprimé sa véritable opinion sur Goya soit à Carderera, soit à la duchesse de Colonna ; 3) il achetait les estampes pour quelqu'un d'autre. La première hypothèse semble peu probable parce que, comme François Géal l'affirme, le goût de Mérimée est resté le même toute sa vie, académique et déterminé par l'exigence d'imiter la nature. Quant à la deuxième possibilité, il est difficile d'imaginer la raison qui ait pu conduire Mérimée à écrire à la duchesse Colonna une déclaration aussi passionnée et détaillée sur l'art si ce n'était pas sa conviction ; pour Carderera, il se peut que Mérimée ne lui ait dit que par politesse qu'il souhaitait voir ou acheter les estampes de Goya,

Reste, donc, la troisième hypothèse. Tout d'abord, nous devons garder à l'esprit qu'il n'y a pas de « collection Mérimée » puisque Mérimée achetait ou plutôt faisait acheter principalement pour les collections de l'État. Cependant, comme ces acquisitions étaient liées en partie à l'architecture, il y avait là une bonne raison pour Carderera, dessinateur en architecture, d'entrer en contact avec lui. Il est donc fort possible que Mérimée n'ait acheté aucune estampe de Goya. De toutes

Goya) (Lanzarote Guiral, *op. cit.*, p. 346).

17 *Cahiers Mérimée*, n° 9 (2017), p. 1-22. *C. G.*, t. XIV, p. 492-495.

18 *Ibid.* p. 12.

façons, s'il avait acheté des œuvres pour lui-même celles-ci auraient été détruites dans l'incendie de sa maison pendant la Commune. Ajoutons, enfin, qu'il aurait pu acheter au compte d'un ami, d'un collectionneur privé, ou d'une collection de l'État. Mais comme Carderera et Devéria sont proches, ils n'ont aucun besoin de l'entremise de Mérimée pour l'acquisition des œuvres par le Cabinet des estampes – par conséquent, cette possibilité me semble superflue. En tout cas, on doit rappeler que celles ne sont qu'hypothèses qui essayent d'expliquer cette apparente contradiction dans les paroles de Mérimée. Nous manquons cependant d'information suffisante pour offrir une réponse ferme, donc cela restera une énigme pour l'instant.

Carderera note dans son journal que le 2 octobre 1856 – trois mois après la lettre de Mérimée – il a apporté des estampes de Goya à Devéria au Cabinet des estampes[19], et nous savons qu'ils se rencontrent en octobre et novembre pour échanger des dessins ou des estampes[20]. Nous savons aussi qu'en novembre de cette même année, Carderera vend à la Bibliothèque Impériale quatre-vingt-neuf estampes de Goya pour 500 francs, comprenant trente-neuf épreuves des *Desastres*, trente-trois eaux-fortes de la *Tauromaquia* et treize eaux-fortes d'après Velázquez[21]. Selon Valérie Sueur-Hermel[22], ces estampes avaient appartenu au diplomate espagnol Manuel Aznárez, mentionné dans la lettre de Mérimée, de qui Carderera reçoit le 27 juillet 1856 une œuvre ou un ensemble d'œuvres de Goya, comprenant les « *toros* » – probablement les *Taureaux de Bordeaux*[23]. Le 26 novembre 1856, Devéria a acheté encore un plus petit groupe d'estampes de Goya comprenant les *Disparates* (10 francs), d'un collectionneur du nom de Pécheux (?) selon Sueur-Hermel[24]. Nous savons aussi que la collection de Devéria, comprenant 113 000 lithographes, gravures et dessins, fut acquise par le Cabinet après sa mort en 1857[25].

19 Lanzarote Guiral, *op. cit.*, p. 353.

20 *Ibid.*, p. 543.

21 1848-1907 (Rés.Ye-88-Pet.fol), le 20 novembre. N° 1930. Voir V. Sueur-Hermel, catalogue de l'exposition *Goya graveur*, Musée du Petit Palais / Institut national d'histoire de l'art, Paris, Paris-Musées, 2008, p. 145 et p. 149 (note 19).

22 *Ibid.*, p. 145.

23 Lanzarote Guiral, *op. cit.*, p. 334-335. Voir Harris, *op. cit.*, I, p. 13-14.

24 Sueur-Hermel, *op. cit.*, p. 145, 149 (note 20). Peut-être lié au peintre Laurent Pécheux (1729-1821) ?

25 Voir la page du British Museum https://www.britishmuseum.org/collection/term/BIOG25158, consulté le 10 février 2021.

En fin de compte, on pourrait avancer l'hypothèse que les estampes de Goya mentionnées dans la lettre de Mérimée de juillet 1856 étaient les mêmes que celles qui allaient être acquises par la Bibliothèque Impériale. Mais il se peut aussi que Carderera ait fait circuler à Paris différentes impressions des mêmes séries de Goya.

Pour conclure, je voudrais insister sur le fait que la France a été le premier pays, devançant même l'Espagne, où l'œuvre de Goya ait été étudiée de façon approfondie, de sorte que l'interprétation française de son œuvre, en particulier de ses estampes, élaborée au XIXe siècle s'est imposée comme un modèle pour le reste du monde jusqu'à très récemment. Initialement, cette vision était fondée sur les seuls *Caprichos* et n'a pas beaucoup changé après la découverte des autres séries d'estampes et des peintures, conçue qu'elle était dans une perspective romantique, faisant apparaître son travail comme celui d'un fou – un préjugé que nous voyons repris par Mérimée dans sa lettre à la duchesse de Colonna. Cette image de Goya a été renforcée par d'innombrables anecdotes inventées qui ont contribué à construire le mythe de l'artiste comme génie dérangé et rebelle, un mythe confirmé par de nombreux pastiches et faux, dont certains continuent encore à passer pour authentiques. Il n'en reste pas moins que la plupart, sinon la totalité des biographes et critiques français qui ont inventé ou repris ce mythe étaient en relation avec Carderera ; beaucoup d'entre eux lui ont acheté des gravures et des dessins de Goya, et c'est ainsi que, grâce à sa position unique de propriétaire d'une grande partie de l'œuvre graphique, il a pu faire connaître les *Désastres de la guerre* et les *Disparates* avant leur publication posthume, permettant une compréhension plus précise de l'artiste.

Paula FAYOS-PÉREZ
Docteur en histoire de l'art,
Université de Cambridge,
Magdalene College

LETTRE DE MÉRIMÉE À VALENTÍN CARDERERA

Paris 8 juillet 1856.

Mon cher Monsieur,

Je regrette d'avoir si mal répondu à votre lettre, mais je croyais que ce que vous me demandez allait sans dire. Je ne désire qu'une chose, c'est la publication de votre intéressant portefeuille[26]. Peu m'importe l'éditeur. Que ce soit Gide ou un autre je serai toujours à votre service lorsque je pourrai vous être bon à quelque chose[27]. Je crois que Gide n'est pas ami des spéculations incertaines, & il aime à prendre ses précautions, mais je le crois exact à remplir ses engagements lors qu'il s'est décidé.

Je ne puis rien vous dire au sujet du prospectus. Cela dépend de vos conventions. Je ne doute pas qu'en lui tenant compte de ses frais d'impression il ne vous laisse en faire usage. Mais il me semble qu'il y a son nom sur la d[erniè].re page, & vous serez obligé alors de faire un nouveau tirage.

Ainsi que je vous l'ai déjà dit, toutes ces petites difficultés tiennent beaucoup à votre éloignement de Paris. Je crois que lorsque vous y serez il sera bien plus aisé de prendre vos arrangements. Je ne puis que vous engager à ne rien décider avant votre arrivée ici.

J'ai remis à Mr. Aznarez[28] le portefeuille avec le portrait de la duchesse de Medinaceli[29] que vous m'avez permis de copier.

Je n'ai pas les toros de Goya et je serais très content d'en avoir un exemplaire s'il ne coutait pas trop cher. Je mets mes intérêts entre vos mains. Je ne connais ni les proverbios ni les estampes des caprichos supprimées. Cela doit être curieux.

Mille remerciements de toute la peine que vous vous êtes donnée pour découvrir ce peintre malencontreux de l'Escorial[30]. Il me parait

---

26 Il s'agit de l'*Iconografia española*, voir la Présentation.

27 Voir la Présentation.

28 Il doit être Manuel Azanárez, déjà mentionné.

29 Mérimée fait peut-être référence au portrait de Goya de Francisca Pignatelli y Gonzaga, duchesse de Medinaceli (date inconnue ; collection privée), qui est une copie d'après Anton Raphael Mengs. Une photographie de la peinture de Goya après Mengs est conservée à la Casa Moreno. Archivo Español de Arte, inv. n° 389_B.

30 Nous n'avons pas pu identifier ce peintre.

évident qu'il n'a jamais travaillé à l'Escorial et qu'on se sera trompé sur le nom du palais.

Je crois que Nieuwerkerke sera à la campagne quand vous arriverez[31]. Je vais partir pour l'Angleterre, mais je serai à Paris vers le 15 août sinon auparavant[32]. Je vous laisserai ici une lettre pour lui à tout hazard.

Veuillez me rappeler au souvenir de tous nos amis & agréer l'expression de tous mes sentiments bien dévoués.

P.r Mérimée.

31 Comte Alfred Émilien O'Hara van Nieuwerkerke (1811-1892), surintendant des Musées Impériaux.

32 Mérimée est en Angleterre du 16 juillet au 1er septembre 1856.

BIBLIOGRAPHIE

BIBLIOGRAPHIE DE LA CRITIQUE SUR L'ŒUVRE LITTÉRAIRE ET HISTORIQUE DE MÉRIMÉE

2019 et compléments

Cette bibliographie couvre l'année 2019, recense les éditions commentées d'œuvres de Mérimée et les études critiques, mais elle n'est pas analytique, elle ne résume ni n'évalue les études recensées.

1991

ÉTUDE CRITIQUE

TERRAMORSI Bernard, « L'île et le fantastique. À propos des "Sorcières espagnoles" de Prosper Mérimée et de "The Adalantado of the Seven Cities" de Washington Irving », *Alizés. Revue angliciste de la Réunion*, n° 1, 1991, p. 83-108.

1999

ÉTUDE CRITIQUE

BIONDI Carminella, « Le personnage noir dans la littérature française. Essai de synthèse minimale d'une aventure humaine et littéraire », *Mémoire spiritaine*, n° 9, 1999, p. 89-101. [*Tamango.*]

2000

ÉTUDE CRITIQUE

Mombert Sarah, « Le public, le romanesque et l'Histoire. Vigny et Mérimée explorateurs du roman historique », dans *Le Récit historique. Récit et histoire*, éd. Dominique Peyrache-Leborgne et Daniel Couégnas, Nantes, Pleins Feux, 2000, p. 118-133.

2002

ÉTUDES CRITIQUES

Colmeiro José, « Exorcising Exoticism. *Carmen* and the Construction of Oriental Spain », *Comparative Literature*, vol. 54, 2002, n° 2, p. 127-144.

Jean Virginie, « Le mythe de Vénus dans *La Vénus d'Ille* de Prosper Mérimée (1831) [*sic*] et *L'Archéologue* d'André Pieyre de Mandiargues (1951) », *Recherches sur l'imaginaire. Figures mythiques féminines dans la littérature contemporaine*, éd. Arlette Bouloumié, Angers, Presses de l'Université d'Angers, 2002, p. 17-42.

Sekerus Pavle, *Les Slaves du Sud dans le miroir français (1800-1850)*, Belgrade, Zadužbina Andrejević, 2002, 137 p. [*La Guzla*.]

2005

ÉTUDES CRITIQUES

Coste Bénédicte, « "The perfection of nobody's style". Impersonality and Emotion in Pater's *Prosper Mérimée* », dans *Impersonality and Emotion in Twentieth-Century British Literature*, éd. Christine Reynier et Jean-Michel Ganteau, Montpellier, Publications de l'Université Montpellier III, 2005, p. 29-42.

GINÉ-JANER Marta, « El espíritu enciclopédico en el *Théâtre de Clara Gazul* », *Estudios de Filología francesca*, Universidad de Granada, 2005, p. 87-104.

2009

ÉTUDE CRITIQUE

GHANEM AZAR Rania, *Romantisme français et culture hispanique. Contribution à l'étude des lettres françaises dans la première moitié du XIXe siècle*, thèse de doctorat, Université de Paris III – Sorbonne nouvelle, dir. Daniel-Henri Pageaux, 2009, 1202 p. NNT : 2009PA030044. [Disponible en ligne : https://tel.archives-ouvertes.fr/tel-00755967 (consulté le 15 février 2021), *Théâtre de Clara Gazul*, *Histoire de Don Pèdre*, *Lettres d'Espagne*, *Carmen*.]

2012

ÉTUDES CRITIQUES

LECLERC Natalia, « Pouchkine et Mérimée ou comment saisir le geste de défi et en dire la portée métaphysique », *Publije. E-revue de critique littéraire*, n° 1, 2012. [Revue électronique : http://revues.univ-lemans.fr/index.php/publije/article/view/112 (consulté le 15 février 2021).]

LE CORFF Isabelle, VENDRAMINI Cécile, « *Carmen Jones*, a Faithful Adaptation of Bizet's Opera ? », dans *From Stage to Screen. Musical Films in Europe and [the] United States (1927-1961)*, éd. Massimiliano Sala, Turnhout (Belgique), Brepols, 2012, p. 173-183.

MATERNEH Mohammed, *La Représentation de la Saint-Barthélemy.* Chronique du règne de Charles IX *de Mérimée*, Sur Catherine de Médicis *de Balzac*, La Reine Margot *de Dumas*, thèse de doctorat, Université de Toulouse II – Le Mirail, dir. Marie-Catherine Huet-Brichard, 2012, 375 p. NNT : 2012TOU20037. [Disponible en ligne : https://tel.archives-ouvertes.fr/tel-01267714 (consulté le 15 février 2021).]

SEKERUS Pavle, « Le vocabulaire de l'image sud-slave dans les textes français du XIXe siècle », dans *Linguistique contrastive, linguistique appliquée, sociolinguistique.*

Hommage à Étienne Piétri, éd. Florentina Fredet et Anne-Marie Laurian, Bern, Peter Lang, 2012, p. 237-247. [*La Guzla*.]

VAILLANT Alain, « Mérimée », dans *Dictionnaire du Romantisme*, dir. Alain Vaillant, Paris, CNRS Éditions, 2012, p. 462.

2013

ÉTUDES CRITIQUES

BOJOVIC Bosko, « La réception de la poésie populaire serbe en France dans la première moitié du XIXe siècle », dans *La Littérature serbe dans le contexte européen. Texte, contexte et intertextualité*, dir. Milivoj Srebro, Pessac, MSHA, « Serbica », 2013, p. 53-63. [Accessible en ligne sur le site *Serbica* : https://serbica.u-bordeaux-montaigne.fr (consulté le 15 février 2021).]

LE CORFF Isabelle et VENDRAMINI Cécile, « *Carmen.* Six variations sur un thème », *Interfaces*, n° 34, 2012-2013, p. 19-35.

2014

ÉTUDES CRITIQUES

BREHIER Ludivine, *La Superstition dans les contes fantastiques français du dix-neuvième siècle*, thèse de doctorat, Université de Paris III – Sorbonne nouvelle, 2014, dir. Paolo Tortonese, 478 p. NNT : 2014PA030031. [Disponible en ligne : https://tel.archives-ouvertes.fr/tel-01335830 (consulté le 15 février 2021).]

GRAZIANI Antoine-Marie, « Quelques personnages en quête d'auteur », dans *Récit et justice. France, Italie, Espagne, XIVe-XIXe siècles*, dir. Lucien Faggion et Christophe Régina, Aix-en-Provence, Presses Universitaires de Provence, 2014, p. 191-202. [Le bandit corse dans les nouvelles de Mérimée.]

2016

ÉTUDES CRITIQUES

ANDRÉ Naomi, « *Carmen* in Africa. French Legacies and Global Citizenship », *Opera Quaterly*, vol. 32, 2016, n° 1, p. 54-76.

LEFTER Diana-Adriana, « Formes de la passion dans *Carmen* de Prosper Mérimée », dans *Présences et interférences franco-ibériques. Langue, littérature et culture*, éd. Maria Teresa García Castanyer, Lluna Llecha Llop García et Alicia Piquer Desvaux, Berne, Peter Lang, 2016, p. 165-178.

2017

ÉTUDES CRITIQUES

BORGES Maria do Carmo Faustino, « *A Vênus de Ille*, de Prosper Mérimée. Um elemento exótico na criação da narrativa fantástica », *Lettres françaises. Revista de Área de Lingua e Literatura francesa*, vol. 18, 2017, n° 1, p. 91-104. [Résumé en anglais.]

LUZI Christophe, « La Corse exaltée ou le désir d'Orient. Récits et impressions de voyage dans l'œuvre de jeunesse de Gustave Flaubert (1835-1840) », *Mediterrán Tanulmányok. Études sur la région méditerranéenne*, n° 26, 2017, p. 69-78. [Rôle des nouvelles mériméennes dans la création d'une image romantique de la Corse.]

2018

TEXTE DE MÉRIMÉE

« Il Viccolo di Madama Lucrezia », *L'Avant-Scène Opéra*, n° 307, décembre 2018, p. 99-104.

ÉTUDES CRITIQUES

BELLON André, « Pauvre Carmen ! La bêtise l'emportera-t-elle sur l'intelligence ? », *Humanisme*, n° 318, 2018, p. 96-97.

GALANT Ivanne, « Le tourisme littéraire à Séville. Exotisme, identité, marketing », *Téoros*, vol. 37, 2018, n° 1. [Revue électronique : http://journals.openedition.org/teoros/3189 (consulté le 15 février 2021).]

LAMBERT Raphaël, « The Slave Trade and Racial Community. *Tamango* and *Roots* [Alex Haley] », dans *Narrating the Slave Trade, Theorizing Community*, Leyde et Boston, Brill/Rodopi, 2019, p. 16-44.

MORARU Ecaterina, « La grandeur et la noblesse du héros de Prosper Mérimée », *Buletinul ştiinţific al Universităţii de Stat Bogdan Petriceicu Hasdeu din Cahul*, n° 1(7), 2018, p. 103-118.

PEROT Nicolas, « *Carmen* chez la comtesse. L'expérience de la vulgarité », dans *Stendhal et l'aristocratie, actes du colloque organisé par « Stendhal aujourd'hui » (25-26 mars 2011), Université Paris-Sorbonne – Paris IV*, éd. Michel Arrous, Paris, Eurédit, 2018, p. 223-238.

RIBEIRO CARVALHO Sueleny, *Carmen, a mulher vestida da lua. Erotismo e sexualidade, de Prosper Mérimée a Vicente Aranda*, thèse de doctorat, dir. Anselmo PERES ALÓS, Universidade Federal de Santa Maria (Brésil), 2018, 181 p. [Disponible en ligne : https://repositorio.ufsm.br/handle/1/15717 (consulté le 15 février 2021).]

RIBEIRO CARVALHO Sueleny, « Da beleza à perdição. A nudez feminina, o erotismo e o mal em *Carmen* de Prosper Mérimée a Vicente Aranda », *Letras Escreve*, vol. 8, 2018, n° 1, p. 497-517.

SMOLOVIC Ksenia, « Insurrections et représentations stéréotypées des Serbes. Images romantiques et question d'Orient (1804-1840) », *Hypothèses*, vol. 21, 2018, n° 1, p. 103-113. [*La Guzla*.]

YVON Adèle, « Le Romantisme contre lui-même. L'Espagne dans *Carmen* et *Don Carlos* : une poétique du lieu commun », dans *Die Musik des Mörders. Les Romantiques et l'opéra / I Romantici e l'Opera. Séminaires / Seminari « L'Opéra narrateur », 2015-2017 (Saint-Denis, Paris VIII, ENS)*, a cura di Camillo Faverzani, Lucca, LIM, 2018, p. 347-360.

2019

TEXTES DE MÉRIMÉE

Carmen, éd. Jean Balsamo, Paris, Librairie générale française, « Le Livre de Poche », 2019, 185 p. [Réédition mise à jour de l'édition de 1996.]

Carmen, Paris, Presses Pocket, « Pocket classiques », 2019, 88 p. [Édition précédente en 2005, avec une préface de Sara Vajda, 112 p.]

Cervantes [« La Vie et l'œuvre de Cervantes »], s. l., Casimiro, 2019, 96 p.

Mateo Falcone et autres nouvelles, éd. Antonia Fonyi, dossier de Jean-Damien Mazaré, Paris, Flammarion, « GF », 2019, 382 p. [En appendice : extraits du scénario du film et entretien avec Éric Vuillard. Édition mise à jour en 2011 et 2019.]

Mateo Falcone, suivi de Histoire de Rondino, appareil pédagogique établi par Romane Yao, Paris, Magnard, « Classiques & Patrimoine », 2019, 79 p.

Romans et nouvelles, éd. Maurice Parturier, Paris, Classiques Garnier, 2019, 2 vol., XXXIX-628 p. + 704 p. [Réédition de l'édition Garnier frères de 1967.]

ÉTUDES CRITIQUES

ABOGO Exthasis, *Imaginaires du grotesque et du tragique dans* Tamango *(Prosper Mérimée) et* La Journée du salopard *(Rodrigue Ndong)*, Sarrebruck, Éditions Universitaires Européennes, 2019, 88 p.

ANGELONE Concetta, *La femme du Midi dans les nouvelles de Stendhal et de Mérimée. Nature, caractère et passions*, thèse de doctorat, Université Sorbonne Paris Cité, 2019, dir. Éléonore Reverzy, 660 p. NNT : 2019USPCA055. [Accessible en ligne : https://tel.archives-ouvertes.fr/tel-02329883 (consulté le 15 février 2021).]

ARROUS Michel, C. R. de *Cahiers Mérimée*, n° 10, 2018, 194 p. – *Studi francesi*, n° 188, vol. 63, 2019, n° 2, p. 373-374.

ARROUS Michel, C. R. de Thierry Ozwald, *Mérimée – Bizet. Sauver* Carmen. *Suivi de « Im-posture de Glissant ? » et de « Sylvie Germain : un imaginaire fin de siècle »*, Paris, Eurédit, 2018, 137 p. – *Studi Francesi*, n° 187, vol. 63, 2019, n° 1, p. 175-176.

BONAFOS Alexandre, « La formation du savoir et du goût. Prosper Mérimée face aux monuments médiévaux », *Cahiers Mérimée*, n° 11, 2019, p. 113-138.

BOURDENET Xavier, « Bibliographie de la critique sur l'œuvre littéraire et historique de Mérimée. 2017 et compléments », *Cahiers Mérimée*, n° 11, 2019, p. 193-196.

BOURDENET Xavier, « Mérimée : la fiction dans les marges de l'histoire. *Carmen* et *Don Pèdre* », *Cahiers Mérimée*, n° 11, 2019, p. 11-32.

BOURDENET Xavier, « Le deuil de la poésie. Imaginaire historique et imaginaire linguistique chez Mérimée », *Écrire l'histoire*, n° 19, 2019, p. 151-159.

BRUNDAN Katy, « What We Can Learn from the Philologist in Fiction », *Criticism. A Quaterly for Literature and the Arts*, vol. 61, 2019, n° 3 (Summer), p. 285-310. [*Lokis*.]

CANAVAGGIO Jean, « El español de Prosper Mérimée », dans *Et era muy acuçioso en allegar el saber. Studia philologica in honorem Jean Paredes*, éd. Eva Muñoz Raya et Enrique Nogueras Valdivieso, Grenade, Editorial Universidad de Granada, 2019, p. 215-223.

CHRISTOFORIDIS Michael, KERTESZ Elizabeth, *Carmen and the Staging of Spain. Recasting Bizet's Opera in the Belle Epoque*, Oxford/New York, Oxford University Press, 2019, 312 p.

DIMOPOULOU Barbara, « Mérimée et ses éditeurs. Premiers aperçus », *Cahiers Mérimée*, n° 11, 2019, p. 33-61.

GRAU María Amelia, « Dos lecturas : *Tamango* de Prosper Mérimée », *Miradas sobre la literatura en lengua francesa. Hospitalidad, extranjería, revolución y diálogos culturales. XXX jornadas de literatura francesa y francófona (2017 : Ensenada)*, éd. Ana María Gentile *et al.*, La Plata, Universidad Nacional de La Plata / Facultad de Humanidades y Ciencias de la Educación, 2019, p. 75-80.

GROSSMANN Stephanie, « *Carmens* Weg in die Townships von Südafrika. Über die Aneignungsfähigkeit eines Opern-Klassikers », dans *Klassik als kulturelle Praxis. Funktional, intermedial, transkulturell*, éd. Paula Wojcik, Stefan Matuschek, Sophie Picard et Monika Wolting, Berlin, Germany, 2019, p. 417-434.

HOUSSAIS Yvon, « Histoire et poétique de la nouvelle de langue française (I). La nouvelle au XIXe siècle : une nouvelle façon de raconter », dans *Le Format court. Récits d'aujourd'hui*, éd. Sabrinelle Bedrane, Claire Colin et Christine Lorre-Johnston, Paris, Classiques Garnier, 2019, p. 25-35.

LAFORGUE Pierre, « Chronique du règne de Charles IX », dans *Le roi est mort. Fictions du politique au temps du romantisme (1814-1836)*, Paris, Classiques Garnier, 2019, p. 277-292.

LONGBOIS-CANIL Christophe, « "De l'état des Beaux-Arts en Angleterre en 1857", ou de la question de l'art appliqué à l'industrie », *Cahiers Mérimée*, n° 11, 2019, p. 139-158.

MACKENZIE Robin, « Nymph, Scarab, Butterfly. Figures of the Dancer in Mérimée, Flaubert and Proust », *Forum for Modern Language Studies*, vol. 55, 2019, n° 3, p. 308-324.

MARIÉ LIGER Fabienne, « Réécritures de Don Juan. Le charmeur charmé ou la naissance d'un héros moderne », dans *Le Charme, de l'Antiquité à nos jours*, dir. Géraldine Puccini, Pessac, Presses Universitaires de Bordeaux, « Eidôlon », 2019, p. 191-201. [*Les Âmes du Purgatoire*.]

MARTENS David, « Un mode de signature minoritaire. Pseudonymie et différences sexuelles (George Sand & Marie d'Agoult / Prosper Mérimée & Pierre Louÿs) », *Mémoires du livre / Studies in Book Culture*, vol. 11, 2019, n° 1. [Revue électronique : https://id.erudit.org/iderudit/1066944ar (consulté le 15 février 2021).]

MOSING Rachelle, « Une Carmen perdue, une Carmen pour une nouvelle génération », *Cahiers Mérimée*, n° 11, 2019, p. 177-184.

NIKULINA Ania, « Maya Plisetskaya's *The Carmen-suite*. Recovering a Hidden Repertoire », *Theatre Journal*, vol. 71, 2019, n° 2, p. 191-209.

OGIER-FARES Marie-Odile, « L'écriture de la tentation dans les nouvelles de Mérimée. Entre sérieux et ironie, de l'*arché* à la modernité », dans *Écritures de la tentation. Fortune des récits bibliques de tentation dans la littérature du XIXe siècle*, dir. Isabelle Durand et Esther Pinon, Rennes, PUR, 2019, p. 95-109.

ORSET Anne, « *Lokis*. Essai d'onirologie contemporaine », *Cahiers Mérimée*, n° 11, 2019, p. 75-91.

OZWALD Thierry, « Mérimée, lecteur et frère spirituel de Rabelais », *L'Année rabelaisienne*, n° 3, 2019, p. 275-293.

PAGEAUX Daniel-Henri, « Un conte bleu : *La Chambre bleue* », *Cahiers Mérimée*, n° 11, 2019, p. 93-111.

PETERS-HILL Rosemary, « *Carmen*, de Louisana au Séminaire Mérimée de Paris », *Cahiers Mérimée*, n° 11, 2019, p. 161-164.

PETERS-HILL Rosemary, « Carmentographie. Pour une *Map* Mérimée », *Cahiers Mérimée*, n° 11, 2019, p. 165-175.

POWRIE Phil, « From Heretopia to Metatopia. Staging Carmen's Death », dans *French Literature on Screen*, éd. Homer B. Pettey et Barton Palmer, Manchester, Manchester University Press, 2019, p. 90-106.

POWRIE Phil, « Carmen, de l'hétérotopie à la métatopie », *Mise au point*, n° 12, 2019. [Revue électronique : http://journals.openedition.org/map/3746 (consulté le 15 février 2021).]

RÉQUÉNA Clarisse, « Joseph-Sébastien Pons et "le secret de *La Vénus d'Ille*" », *H. B. Revue internationale d'Études stendhaliennes*, n° 23, 2019, p. 261-272.

RÉQUÉNA Clarisse, « *La Vénus d'Ille*, une nouvelle renversante : la clef de l'énigme dans le roman », *H. B. Revue internationale d'Études stendhaliennes*, n° 23, 2019, p. 231-260.

RIBEIRO CARVALHO Sueleny, PERES ALÓS Anselmo, « De Deusa Lua a mulher demônio. As múltiplas faces de *Carmen* de Prosper Mérimée », *Iluminuras*, vol. 20, n° 50, 2019, p. 186-207.

RICKARD Mathew, « Le sacré et le profane. Don Juan, la masculinité transgressive et la figure du dandy dans *Les Âmes du Purgatoire* (1834) de Mérimée et *Le Plus Bel Amour de Don Juan* (1874) de Barbey d'Aurevilly », dans *Le Dandysme, de l'histoire au mythe*, dir. Edyta Kociubińska, Berlin, Peter Lang, 2019, p. 97-109.

SEDDAOUI Fatima, « *Colomba*, par Frédéric Bertocchini (2012) : une bande-dessinée polar ? », *H. B. Revue internationale d'Études stendhaliennes*, n° 23, 2019, p. 273-287.

THOREL Sylvie, « Apprivoiser son griffon. Un aspect de la fiction selon Mérimée », *Cahiers Mérimée*, n° 11, 2019, p. 63-74.

THOREL Sylvie, C. R. de Sophie Rabau, *Carmen, pour changer. Variations sur une nouvelle de Prosper Mérimée*, Toulouse, Anacharsis, 2018, 222 p. – *Cahiers Mérimée*, n° 11, 2019, p. 187-189.

VOGEL Juliane, « Funde in Schichten. Stratografische Überlegungen zu Stifter und Mérimée », *Internationales Archiv für Sozialgeschichte der deutschen Literatur*, vol. 44, 2019, n° 1, p. 176-190. [Adalbert Stifter, *Der Nachsommer* ; Mérimée, *La Vénus d'Ille*.]

WÖRSDÖRFER Anna Isabell, « Europäisches Zentrum und seine Peripherien in zwei Reisenovellen Prosper Mérimées. Interkulturelle Begegnungen eines gelehrten Erzählers mit einer *femme fatale* (*Carmen*) und einem Bärenmenschen (*Lokis*) », dans *Zentrum und Peripherie. Beiträge zum 32. Forum Junge Romanistik in Würzburg (16.-19. März 2016)*, éd. Julien Bobineau *et al.*, Munich, Akademische Verlagsgemeinschaft München, 2019, p. 233-246.

Alexandre BONAFOS
University of South Carolina

Xavier BOURDENET
Université Rennes 2
CELLAM – EA 3206

BIBLIOGRAPHIE DE LA CRITIQUE SUR L'ŒUVRE ET LES ACTIVITÉS DE MÉRIMÉE DANS LES DOMAINES DE L'ART ET DE L'ARCHÉOLOGIE

2019 et compléments

Cette bibliographie prend la suite de celles qui ont été publiées dans les *Cahiers Mérimée* nº 3 (2011), nº 10 (2018), nº 11 (2019) et nº 12 (2020). Elle couvre l'année 2019 et recense éditions d'œuvres de Mérimée et études critiques, mais elle n'est pas analytique : elle ne résume ni n'évalue les références recensées.

1987

ÉTUDE SUR MÉRIMÉE

BÉREST Eugène, « Les voyageurs français en Bretagne. Balzac, Hugo, Michelet, Mérimée, Stendhal, Flaubert », dans *Histoire littéraire et culturelle de la Bretagne*, dir. Jean Balcou et Yves Le Gallo, Genève, Slatkine ; Paris, Champion, 1987, 3 vol., t. II, p. 177-218.

1995

ÉTUDE SUR MÉRIMÉE

MASSONNAUD Dominique, « Le désarroi critique. Les affirmations polémiques comme négation de l'art », *Textuel*, nº 29, « Figures de la négation », 1995, p. 53-65. [Sur la réception des *Baigneuses* de Courbet en 1853.]

2009

DESSIN DE MÉRIMÉE

CHAMPFLEURY, *Les Chats, illustré de 88 dessins et eaux-fortes par Eugène Delacroix, Viollet-le-Duc, Mérimée* [*et al.*], Paris, Le Chêne, 2009, 285 p. [Reprend l'édition augmentée de Paris, J. Rothschild, 1869. Contient la gravure « Chats en chasse, d'après une peinture égyptienne du British Museum, dessin de M. Mérimée ».]

CHAMPFLEURY, *Les Chats. Histoire, mœurs, observations, anecdotes, illustré de 52 dessins*, Agnières, J.-M. Grandsire, 2009, 204 p. [Reprend l'édition originale de 1869, incluant la gravure « Chats en chasse, d'après une peinture égyptienne du British Museum, dessin de M. Mérimée ».]

2011

DESSIN DE MÉRIMÉE

CHAMPFLEURY, *Les Chats. Histoire, mœurs, observations, anecdotes, illustré de 52 dessins*, Agnières, Archéos, 2011, 204 p. [Reprend l'édition originale de 1869, incluant la gravure « Chats en chasse, d'après une peinture égyptienne du British Museum, dessin de M. Mérimée ».]

2016

DESSIN DE MÉRIMÉE

CHAMPFLEURY, *Les Chats. Histoire, mœurs, observations, anecdotes, illustré de 52 dessins par Eugène Delacroix, Viollet-le-Duc, Mérimée* [*et al.*], Nîmes, Lacour, 2016, XVI-287 p. [Fac-similé de la 3e édition (Paris, J. Rothschild, 1869), contenant la gravure « Chats en chasse, d'après une peinture égyptienne du British Museum, dessin de M. Mérimée ».]

2017

ÉTUDE SUR MÉRIMÉE

QUATTROCCHI Angela, « Viollet-le-Duc e la decorazione policroma nell'architettura neogotica », *Viollet-le-Duc e l'Ottocento. Contributi a margine di una celebrazione (1814-2014)*, éd. Annunziata Maria Oteri, *ArcHistoR*, numéro spécial n° 1, 2017, p. 140-163. [Aborde les écrits de Mérimée concernant la peinture murale. Disponible en ligne : http://pkp.unirc.it/ojs/index.php/archistor/article/view/384/307 (consulté le 15 février 2021).]

2019

DESSIN DE MÉRIMÉE

CHAMPFLEURY, *Les Chats. Histoire, mœurs, observations, anecdotes, illustré de 65 dessins de Delacroix, Viollet-le-Duc, Mérimée* [*et al.*], Paris, La Coopérative, 2019, 214 p. [Gravure d'après Mérimée : « Chats en chasse, d'après une peinture égyptienne du British Museum, dessin de M. Mérimée ».]

ÉTUDES SUR MÉRIMÉE

BISHOP Chris, « Our Own Dark Hearts : Re-evaluating the Medieval Dungeon », *Journal of the Australian Early Medieval Association*, vol. 15, 2019, p. 105-126.

BONAFOS Alexandre, « La formation du savoir et du goût. Prosper Mérimée face aux monuments médiévaux », *Cahiers Mérimée*, n° 11, 2019, p. 113-138.

BONAFOS Alexandre, « Bibliographie de la critique sur l'œuvre et les activités de Mérimée dans les domaines de l'art et de l'archéologie. 2017 et compléments », *Cahiers Mérimée*, n° 11, 2019, p. 197-202.

BOTTARO Alain, « Le patrimoine monumental du comté de Nice entre France et Piémont, d'une histoire nationale à l'autre, 1830-1930 », *In Situ*, n° 38, 2019. [Revue électronique : http://journals.openedition.org/insitu/20293 (consulté le 15 février 2021).]

FAYOS-PÉREZ Paula, *The Politics of the Grotesque. Goya's "Caprichos" and French Literature and Graphic Art in the Nineteenth Century (c. 1799-1868)*, thèse de doctorat, University of Cambridge, 2019, dir. Jean Michel Massing, 430 p. [Réception de Goya par les artistes et écrivains français, dont Mérimée.]

LONGBOIS-CANIL Christophe, « "De l'état des Beaux-Arts en Angleterre en 1857" ou de la question de l'art appliqué à l'industrie », *Cahiers Mérimée*, n° 11, 2019, p. 139-158.

POISSON Olivier, « Mérimée et la redécouverte de Vézelay », dans *Vézelay, un chemin de lumière*, dir. Mgr Hervé Giraud, Christian Sapin et Nicolas Tafoiry, Strasbourg, La Nuée Bleue ; Paris, Place des Victoires, 2018, p. 117-123.

ZANTEDESCHI Francesca, « Mérimée's Journey to Roussillon », dans *The Antiquarians of the Nation. Monuments and Language in Nineteenth-Century Roussillon*, Leyde, Brill, 2019, p. 83-86.

Alexandre BONAFOS
University of South Carolina

RÉSUMÉS/*ABSTRACTS*

Rainier Grutman, « L'esthétique de l'épigraphe dans la *Chronique du règne de Charles IX* »

Du point de vue intertextuel, cette première étude d'ensemble des épigraphes de la *Chronique du règne de Charles IX* explore le débat paradigmatique entre le roman et les textes cités en exergue, éclairant ainsi les luttes intestines dans le champ littéraire de l'époque. Du point de vue paratextuel, l'analyse syntagmatique des rapports entre l'épigraphe et le texte révèle l'intuition de Mérimée des possibilités nouvelles offertes par le genre protéiforme qu'était le roman de son temps.

Mots-clés : Mérimée, Walter Scott, épigraphe, citation, intertextualité, roman historique, poétique du roman.

Rainier Grutman, *"The aesthetics of the epigraph in the* Chronique du règne de Charles IX"

With an intertextual lens, this first comprehensive study of the epigraphs in the Chronique du règne de Charles IX *explores the paradigmatic debate between the novel and the texts quoted in the exergue, which sheds light on the internal struggles in the literary field of the time. From a paratextual point of view, syntagmatic analysis of the relationship between the epigraph and the text reveals Mérimée's intuition about the new possibilities offered by the protean genre of the novel of his time.*

Keywords: Mérimée, Walter Scott, epigraph, quotation, intertextuality, historical novel, poetics of the novel.

Daniel-Henri Pageaux, « Errances dans *Il Viccolo di Madama Lucrezia* »

Dans cette relecture de *Il Viccolo di Madama Lucrezia*, l'accent est mis sur trois composantes structurelles : une longue « introduction », la mise en place d'une triple thématique (le mystère, le diable et la ressemblance), enfin une intertextualité qui évolue vers l'intratextualité à partir de laquelle se repose la question du « silence » de Mérimée après 1846.

Mots-clés : Mérimée, intertextualité, intratextualité, composition, double.

Daniel-Henri PAGEAUX, "*Roaming in* Il Viccolo di Madama Lucrezia"

This rereading of Il Viccolo di Madama Lucrezia *focuses on three structural components: a long "introduction," the establishment of a tripartite theme (mystery, the devil and similitude), and lastly an intertextuality that moves in the direction of intratextuality, raising the question of Mérimée's "silence" after 1846.*
Keywords: Mérimée, intertextuality, intratextuality, composition, double.

Victoire FEUILLEBOIS, « "Histoire de la fausse Élisabeth II" ou la passion de l'imposture »

En 1869, Mérimée prolonge sa réflexion sur le pouvoir russe en se penchant sur une anecdote marginale du règne de Catherine II : l'apparition dans différentes cités d'Europe d'une jeune femme se présentant comme la fille cachée de la précédente souveraine. Mérimée renoue avec « l'usage de faux » propre à son écriture de l'Histoire : par sa passion de l'imposture, l'usurpatrice engage une logique spectaculaire de l'illusion permettant à l'historien d'éclairer des événements occultés de l'histoire.
Mots-clés : Mérimée, Russie, Catherine II, usurpation, théâtre, imposture.

Victoire FEUILLEBOIS, "*'Histoire de la fausse Élisabeth II' or the passion of imposture*"

In 1869, Mérimée continued his observations on Russian power with his consideration of a marginal anecdote from the reign of Catherine II: the appearance in various European cities of a young woman who claimed to be the concealed daughter of the previous ruler. Mérimée revives the "usage de faux" peculiar to his writing of history: through her passion for imposture, the usurper engages in a spectacular logic of illusion, allowing the historian to shed light on events occluded from the story.
Keywords: Mérimée, Russia, Catherine II, usurpation, theater, imposture.

Alexandre ZVIGUILSKY, « La correspondance de Tourguéniev avec Valentine Delessert »

Cette correspondance à une voix (trente-neuf lettres de 1861 à 1882) aurait pu présenter de l'intérêt pour une meilleure connaissance de Mérimée. Celui-ci nous apparaît dans un rôle inhabituel de marieur. Il réincarne deux de ses personnages (Mme de Piennes et Arsène Guillot) sous les traits de Valentine Delessert et Paulinette Tourguéniev : bonté donc de Prosper, mais aussi de Valentine, et reconnaissance prolongée du père de Paulinette pour une paternité retrouvée miraculeusement.

Mots-clés : Mérimée, Tourguéniev, Valentine Delessert, correspondance, traduction.

Alexandre ZVIGUILSKY, "*Turgenev's correspondence with Valentine Delessert*"

This one-sided correspondence (thirty-nine letters from 1861 to 1882) should have proven relevant for acquainting readers more intimately with Mérimée. He appears to us in the unusual role of matchmaker, reincarnating two of his characters (Mme de Piennes and Arsène Guillot) in the guise of Valentine Delessert and Paulinette Turgeneva: generosity then, on the part of Prosper, but also Valentine, and extended gratitude from Paulinette's father for a miraculously regained fatherhood.

Keywords: Mérimée, Turgenev, Valentine Delessert, correspondence, translation.

IMPRIM'VERT®

Achevé d'imprimer par Corlet Numéric,
Z.A. Charles Tellier, Condé-en-Normandie (Calvados), en juin 2021
N° d'impression : 172136 - dépôt légal : juin 2021
Imprimé en France

Société Mérimée

Bulletin d'adhésion 2021

Pour adhérer à la *Société Mérimée* et recevoir le numéro annuel des *Cahiers Mérimée*, merci de nous adresser votre cotisation, selon le tarif ci-dessous (en euros) avant le 31 décembre 2021 (tout versement postérieur validera l'année 2022).

	Tarifs
Membre	30 €
Membre donateur	50 €
Membre bienfaiteur	100 €
Tarif étudiant	20 €

Le bulletin et le règlement, à l'ordre de la *Société Mérimée* sont à adresser à :

Antonia FONYI
139, rue du Faubourg Saint-Antoine
75011 Paris

Nom : ....

Prénom : ....

Adresse : ....

Courriel : ....

(pour que nous puissions vous faire connaître rapidement les manifestations, colloques, publications et vous associer aux événements de l'association)

Sollicite mon adhésion / le renouvellement de mon adhésion pour l'année 2017.

Date : ....

Signature : ....